师任堂

사임당

[韩]
林谐利
임해리
著

金鑫 / 译

天地出版社

图书在版编目（CIP）数据

师任堂 /（韩）林谐利著；金鑫译. — 成都：天地出版社, 2016.5
ISBN 978-7-5455-1979-2

I. ①师… II. ①林… ②金… Ⅲ. ①师任堂（1504~1551）—传记 Ⅳ. ①K833.120.572

中国版本图书馆CIP数据核字（2016）第040051号

著作权登记号 图字：21-2016-135号

师任堂

著　　者　［韩］林谐利
译　　者　金　鑫
责任编辑　张秋红
封面设计　思想工社
电脑制作　思想工社
责任印制　李　昆

出版发行　天地出版社
（成都市槐树街2号　邮政编码：610014）
网　　址　http://www.tiandiph.com
http://www.天地出版社.com
电子邮箱　tiandicbs@vip.163.com
经　　销　新华文轩出版传媒股份有限公司

印　　刷　北京尚唐印刷包装有限公司
版　　次　2016年5月第1版
印　　次　2016年5月第1次印刷
成品尺寸　155mm×220mm　1/16
印　　张　17.25
字　　数　184千字
定　　价　45.00元
书　　号　ISBN 978-7-5455-1979-2

咨询电话：（028）87734639（总编室）
购书热线：（010）67692522（市场部）

目录

| 第三章 |

不只是母亲，更是孩子们难得的人生导师

| 第四章 |

师任堂及其子孙们都才华横溢，注重艺术上的升华

堂

第一章

少女时代冲破限制，给自己取堂号，立下一生的志向

隐隐的墨香弥漫在整个屋子里，轻轻地掠过鼻尖。

磨墨的那双纤纤玉手，静静地停了下来。

少女放下手中的墨，拢住双手，挺直腰背，端坐着。

屋子的门敞开着，一阵微风轻轻吹来，

吹拂着端坐不动的少女的额头，又轻轻地飘走了。

稚嫩的脸庞，编结整齐的乌黑的辫子。少女轻轻闭上了双眼。

不知过去了多长时间，少女慢慢睁开了眼睛。

闪亮的黑眼珠显得更加灵动，一副聪明伶俐的样子。

少女提起笔，蘸足了墨汁。

白得耀眼的宣纸就在眼前。

少女毫不犹豫地下了笔。

师任堂。

少女放下了笔，她红彤彤的脸庞上写满了害羞却又自豪的神情。

冲破旧俗，
师任堂决心识字、读书

师任堂（1504—1551）于朝鲜燕山君政权末期1504年，出生在江陵北平村。父亲申命和（1476—1522）与母亲李氏共育有五个女儿，师任堂是次女。

申命和是太祖时期的建国功臣申崇谦的第十八代孙，是官拜宁越郡郡守的申叔权的儿子。李氏夫人是江陵地方的名门望族、参判崔应贤的外孙女。李氏夫人的父亲李思温是生员，没有做过官吏。因为李氏夫人是独生女，所以她在娘家度过了一生。

在师任堂的一生中，对她影响最大的背景，应该就是她的外祖父母与父母生活在一起的家庭环境。当然，从高丽时代开始一直到16世纪，女子婚嫁后与娘家父母一起生活是很平常的事情。但是，母女三代在一起生活，这样的情况也应该算是比较罕见了。

父亲申命和出生在汉阳，天性纯朴、刚直，学问与人品都很出众，被后世认为是信仰坚定、刚正不阿的人。申命和的父亲去世后，申命和不顾冒犯当时仍在位的燕山君制定的极其严厉的短丧法[1]，在父亲坟前盖了一个简陋的窝棚，过了三年的守墓生活。由此可见，他也是个极其孝顺的人。

> 燕山君在位时，申命和遭遇父丧。虽国有严命实行短丧，却坚持依礼守孝，佩首绖与腰绖[2]守在墓旁，以粥为食，每餐供奉，极尽悲痛，直至三年守孝期满。[3]

有一则逸事足以表明申命和刚直的品德：他的丈人李思温与朋友有一场约会，但是因为突发事件他不能赴约，于是就让女婿写一封信，以生病为由推脱掉约会。但是申命和不顾丈人恳切的拜托，断然拒绝了替丈人写一封谎话连篇的信文。

申命和41岁时考中了科举，正值中宗执政的时代。多位知名政客都向朝廷举荐了他，但他却一一谢绝，潜心专注于做学问。

在朝鲜时代，如果托生为男儿，上学堂，中科举，然后走上仕

1 短丧法是指以一年为丧期的法。

2 首绖是丧主缠绕在头冠的麻绳，腰绖是系在丧服腰部的带子。

3 引自李珥《外祖考进士申公命和行状》。

途，立身扬名、光宗耀祖，是大部分士大夫都会选择的理想人生。可是，为什么申命和久经寒窗苦读考中科举却谢绝做官，而来往于江陵和汉阳之间，只专心做学问呢？

师任堂的第三个儿子栗谷的书中曾记载道，他的外祖父母分居16年，而外祖父则不断地来往于江陵和汉阳之间。申命和的父亲申叔权是太宗的女儿贞善公主的外孙。据记载，太宗是靠元敬王后闵氏以及妻弟们的帮助才登上了王位，然而为了阻止外戚势力的增长，太宗故意将小女儿贞善公主下嫁给了没有什么背景的家族。

据此可以推测，申命和一定是从父亲那里听说了关于太祖与太宗年间发生过的夺嫡之乱及南怡将军的悲剧史，继而对王位争夺战和朝廷官吏们的政治斗争产生了批判性的观点，不仅如此，他还生于燕山君不断实施暴政的时代。据此种种，我们也就不难理解，他为什么会产生与其在乱世走上仕途不如以做学问明哲保身的想法。

师任堂出生的1504年，是在“戊午士祸”掀起血雨腥风，无数书生被砍头的第六年。而就在这一年，又发生了一次无数书生被杀害的“甲子士祸”[1]。

师任堂的外祖父李思温，很早就在江陵北平定居，并从祖辈那

1 “甲子士祸”发生于1504年（燕山君十年），燕山君诛杀了与其母妃尹氏被废这一事件相关的臣子。燕山君在得知母妃尹氏被废之后竟被赐了毒药，最终死于非命的真相后，以此为借口，伺机铲除了所有反对自己的勋旧派和士林派人士，而后又扩大范围，将其母妃被废之时，或赞同或旁观的朝臣全部杀害或流放至边疆。

位于江原道江陵市的栗谷李珥的出生地——乌竹轩。这是保存至今非常珍贵的朝鲜时代中期两班的家庭院落。因后院长有黑色的竹子，故称为乌竹轩。

里继承了乌竹轩。这个乌竹轩是附属于崔应贤古宅的别馆。师任堂出生在外婆家的乌竹轩，在外祖父李思温、外祖母崔氏夫人和母亲的养育下成长，自然也就受到了外祖母家的影响。

依据申命和那刚直的性格，可以推断，他一定是下决心不在燕山君这样的暴君手下做官从政。父亲的这种品性对师任堂的影响很大。细细品味师任堂的一生，就不难看出，她既继承了父亲的学识和刚直的品格，同时也继承了母亲温暖、慈祥的品性。

同时，我们还可以推测，师任堂的外祖父李思温知道自己的妻家也有女子认字、读书、作诗，所以才会让自己的独生女儿，也就是师任堂的母亲李氏识文断字。如此一来，外祖父在外孙女当中选择才能出众的师任堂，让她研习经典书籍，便是情理之中的事情了。而父亲申命和也遵从了丈人的意愿，在背后默默支持自己的女儿研习经典。

将“寻求圣贤之道”作为人生努力的方向

少女师任堂从小研习经典，必然对自己的人生有过很多次的思考。聪明伶俐又多才多艺的她，怎能没有抱负呢？但是身为女子，即便是有再高的学问也不能考科举，没有施展才华、实现梦想的机会，为此，她的内心一定是备受煎熬的。

后来，成为七个孩子的母亲后，师任堂向子女们强调一定要立志，既然有了志向，就应该具备无论遇到怎样的困难，都要坚持自己志向的意志力。在长子李璿考科举多次落榜时，师任堂教导儿子，比起贪恋官职，更重要的是立志。

那么，究竟什么是立志呢？

孔子在《论语》中说道：“志于道，据于德，依于仁，游于艺。”立志应该是指在做一件事情时确立一种信念。栗谷在《击蒙要诀·立志章》第一章中所提及的“立志”，应该与孔子所认为的“立志”是一脉相承的。

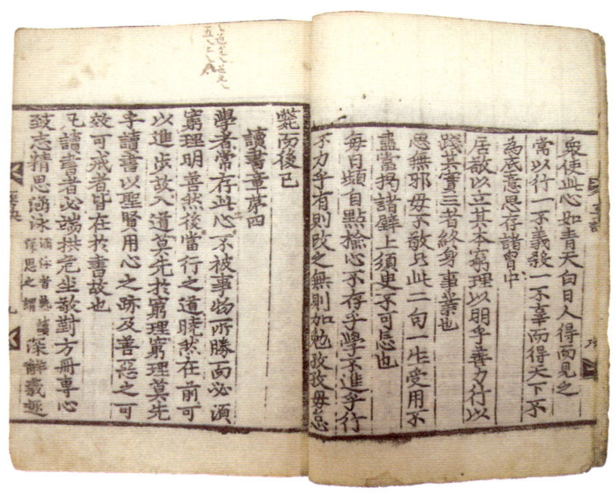

[illegible]使此心如青天白日人得而見之
常以行一不義殺一不辜而得天下不
爲底意思存諸胷中
居敬以立其本窮理以明乎善力行以
踐其實三者終身事業也
思無邪毋不敬只此二句一生受用不
盡當揭諸壁上須臾不可忘也
每日頻自點檢心不存乎學不進乎行
不力乎有則改之無則加勉孜孜毋怠
斃而後已
讀書章第四
學者常存此心不被事物所勝而必須
窮理明善然後當行之道曉然在前可
以進步故入道莫先於窮理窮理莫先
乎讀書以聖賢用心之跡及善惡之可
效可戒者皆在於書故也
凡讀書者必端拱危坐敬對方冊專心
致志精思涵泳（涵泳者熟讀深思之謂）深解義趣

栗谷在母亲的教诲下，以“立志”为主题所写的《击蒙要诀》。作为朝鲜时代最权威的提高修养的入门书籍，宋时烈的父亲曾以此教诲宋时烈，丁若镛也曾以此教诲其子，因此此书可谓是朝鲜时代后期士大夫们的必读书籍。

初学先须立志，必以圣人自期，不可有一毫自小退托之念。

盖众人与圣人，其本性则一也。虽气质不能无清浊粹驳之异，而苟能真知实践，去其旧染而复其性初则不增毫末，而万善具足矣。众人岂可不以圣人自期乎?

凡人自谓立志，而不即用功，迟回等待者，名为立志，而实无向学之诚故也。苟使吾志，诚在于学，则为仁由己，欲之则至，何求于人，何待于后哉?[1]

1 引自栗谷李珥《击蒙要诀》。

就这样，师任堂很早就立志要寻求圣贤之道，并将此作为一生追求的目标。不仅如此，在教育自己的七个子女时，她也经常强调这一点。

为自己取堂号为“师任堂”

据传，师任堂幼年时的名字是申仁善，百科全书中也是这么记载的。但是即使翻阅了多方文献，也没有见到有关她名字的记载。像师任堂这样出众的女性的名字都没能流传下来，就足以表明，在朝鲜的历史中，女性处于何等低下的地位。万幸的是，栗谷在《先妣行状》[1]中多次提到自幼聪明的母亲，通达经典、古今史记和文集，具有渊博的学识，这才使得我们能够更全面地追踪到师任堂一生的轨迹。

师任堂在幼年时就已经立下了人生的志向，亲自给自己取堂号

1 先妣，是对自己已逝母亲的尊称。行状，是在人去世之后，记录其一生的文章。师任堂于1551年5月17日去世，享年48岁。当时，栗古李珥只有16岁。师任堂去世之后，李珥为了纪念母亲的生平，写下了这篇《先妣行状》。

为“师任堂”，并得到了父亲的允许。拥有自己的号，对于男性而言是一件很普遍的事情，然而在朝鲜时代，士大夫女性中有号的例子不过数十个而已。但是，一介年幼的女子，定下自己所追求的人生方向，并取堂号为“师任堂”，这件事本身其实就预示了日后的很多事情。

在朝鲜时代，大部分的女性因为没有名字，所以经常被称作是“谁谁家的”，一般是用娘家的地名当作名字来称呼。甚至连王妃或嫔妃也只是用姓氏来称呼，比如闵怀嫔姜氏（昭显世子嫔）、贞纯王后金氏等。这与朝鲜的士大夫们自幼就有字、号，形成了鲜明的对比。

—◆— 师任堂亲笔

朝鲜时代，有堂号的女子，皆属于德行出众或者学问、艺术成就卓著者。可是，一个少女竟然自己起堂号，这充分表明了她性格中倔强而自信的一面。而此堂号“师任堂”，也足以令人惊讶。

名字，是存在对象的本质体现，是社会认识他（她）的一种手段，因此，也可以说是一种存在证明书。一个人，因有了名字才开始有了意义，因为有了意义，才有了存在的价值。

诗人金春洙的诗句“我叫了它的名字，它才来到我这里，成为了一朵花”，意思是因为有了名字，才获得了存在的认可。

另外，根据词典的定义，所谓身份认同，是指在以“我”为中心的相互关系中，人们对于“我”的地位及一系列附带属性的定义能够普遍达成一致的意见和认可。然而在朝鲜时代，我认为一般女性没有名字，是因为社会并没有把女性看作是一个单独的个体，而只是把女性当作了家庭中的一个成员而已。

如果果真如此，那师任堂又为何会为自己起堂号呢？她起堂号的理由，会不会是对“我是谁”这样一个存在论提出的质问？而且，在这样一个幼小的心灵深处，定然有着一个与众不同的抱负。又或许，她已经预料到，自己一旦结婚，定会被人们称作“江陵家的”或者“北平家的”。

自幼开始学习汉字，读着“四书五经”和《史记》等书籍长大的聪明绝顶的少女，在给自己起堂号时，究竟在想些什么呢？也许她在想，如果托生为男儿，定要考科举，走上仕途，并且把自己的学问和才能展现给社会以施展自己的抱负。

在朝鲜时代的女性知识分子中，也有一些通过诗歌来表达这

在绘画方面，天赋异禀，却“只因是女子”而无法尽情施展自己的才华，并最终英年早逝的许兰雪轩。在由男女平等转变为男尊女卑的时期，女子的才能竟变成了另一种“诅咒”。

种想法的人。声名远播到中国的许兰雪轩曾叹息，自己的“三痛”之一就是托生为了女子。还有，被朝鲜后期的大学者金正喜（1786—1856）称为“书生”的金锦园，在她的文集《湖东西络记》中也曾叹息道：“没能托生为男子而托生为女子，真真是个不幸。”

仔细分析一下师任堂给自己起的堂号，我们就不难推测出，她把自己的人生目标定位在了哪里。栗谷在编写外祖父申命和的行状时，曾提到过“师任”一词。“师”是模仿、学习之意，“任”代表古代中国周文王的母亲太任，而“师任”则是将周文王的母亲敬为老师的意思。“师”字的意思，本就是以德来教诲众人。

周文王的母亲太任，在中国和朝鲜，一直以来都被推崇为具备了博识、贤明、严格、正义、仁慈等诸多高尚品德的人物。

到了这里，很多人都会将师任堂的人生目标解释为“以文王的母亲为榜样”，成为一名出色的好母亲。

因此，很多人会认为太任只是一位养育了圣君文王的母亲而已。但是，太任在成为贤明的母亲之前，首先是一位具备了君子风范的人。因此，师任堂所向往的，与其说是“成为出色的好母亲”，倒不如说是“具备君子风范”更为恰当。

《诗经》中记载着太任和文王的故事。

思齐——忆雍容端庄者

思齐大任，文王之母，
思媚周姜，京室之妇。
大姒嗣徽音，则百斯男。

惠于宗公，神罔时怨，
神罔时恫。刑于寡妻，
至于兄弟，以御于家邦。
雍雍在宫，肃肃在庙。
不显亦临，无射亦保。

肆戎疾不殄，烈假不瑕。
不闻亦式，不谏亦入。
肆成人有德，小子有造。

古之人无斁，誉髦斯士。[1]

这首诗讲述的是有关周文王和其母亲太任的品德的内容。师任堂一定是希望自己的一生也能够像太任那样具备君子的品德。根据师任堂一生都在实践着君子的品德来养育七个子女，也就很容易得出上述的结论了。

而事实上，朝鲜后期歌辞文学的大家、松江郑澈的玄孙郑浩（1648—1736），也曾将师任堂评价为“女中君子”。

古时的圣贤在评价人物时，常将品德高尚、才能出众的人称为君子。但，这仅限于形容男子，对女子却并不适用。人们认为，身为女子，虽然可以被称为品德高尚，但却无法被称为才能出众，而我不这么认为。如果身为女子，不仅品德高尚，而且还拥有了过人的才能，又怎能因其女儿之身，便不将其称为君子呢？称师任堂为女中君子，便是名副其实，实至名归。[2]

1 引自《诗经·大雅·文王之什》。

2 引自郑浩《师任堂画帖跋》。

时时刻刻以“君子”作为自己人生的榜样

那么，师任堂所追求的目标——君子，究竟是怎样的一种人呢？孔子称学识渊博、品德高尚的人为君子，反之则称为小人。

> 君子务本，本立而道生。孝悌也者，其为仁之本与！[1]

孔子思想的集大成之作《论语》中，最为强调的就是“仁”字。《论语》认为，只有具备了“仁”，才能称其为是一个“人”。《论语》说道：

> 君子无终食之间违仁，造次必于是，颠沛必于是。

1 引自《论语·述而》。

中国思想家孔子。孔子认为，君子应不断提高自身修养，以仁待人，并以此为人生目标。

因此，强调“片刻都不能失去慈善、爱怜之心”，亲自实践这种“仁”的精神，以“仁”为生活准则的人，被称为“君子”。也正因为如此，想要成为君子的首要条件，就是具有良好的人品。

应该说，“仁”是君子的第一品德。“仁”的意思是完整的人格，包含着作为人应该具备的所有美好的品德。

孟子（公元前372年—公元前289年）曾说，人在出生时都是有四种心的，其中的第一心是“恻隐之心”。看到他人有难处、经历痛苦则产生怜悯之心，这是仁的开始，如果没有恻隐之心，就不能称其为“人”。

“君子”是孔子心目中理想的人格标准，而君子就是指那些注意提高自身修养，以实践“仁”为人生目标的人。孔子的这种君子论，与朝鲜的建国理念，同时也是教育理念的“弘益人间”思想，是相通的。“将优秀的精神弘扬于人间”，其范围正是包括人类在

孟子。他主张人应有四种德行，并称之为四端：恻隐之心，仁之端也；羞恶之心，义之端也；辞让之心，礼之端也；是非之心，智之端也。

内的世间万物。

师任堂所生活时代的思想背景也是从这样一个“仁”字出发的，并极大地影响了栗谷。

做一个“君子”，不仅是孔子和他的弟子们的人生理想，也是朝鲜士大夫们的人生理想，同时也是朝鲜杰出女性们的人生目标。

《礼记》[1]中的“永远保持恭敬，庄重地思考，谨慎地言语，这才是安民之道”，应该就是所有君子的实践纲领。

其中的道理虽易懂，但实践起来还是很难的。因此，数百年来，朝鲜时代的儒生们为了追求“君子”这样的人生，不断探究学

1 《礼记》是中国古代的五经之一，书中讲述了有关礼仪的理论与实践。其内容包括《曲礼》《檀弓》《王制》《月令》《礼运》《乐记》《大学》《中庸》等四十九篇，是一本极其重视道德的书籍。

问，提高修养。也是出于这种原因，他们才会将五六岁时学得的《小学》，熟读几百遍，并身体力行，努力实践其中的真谛。

《击蒙要诀》是栗谷李珥42岁（1577年）时编写的著作。“击蒙”的意思是启迪蒙昧，“要诀”是指做成一件事情的重要秘诀，是加强修养的入门书籍。

现如今，韩国社会的所有弊端和弊政、人性缺失等诸多问题，究竟是如何造成的呢？

这是因为丢失了“仁”。泛指人类的汉字“人”字，是由相互依存的两笔构成，而“仁”字，则表达了人与人之间的关系，也就是说，人们要相互依存，共同生活。想要做到互相依靠，就要有一颗关怀他人的心。

如果孔子所说的“仁”字，能够在社会中被践行的话，人们又怎会做出惨无人道的事情？公职人员又怎会滥用职权，挥霍国家财物？社会又怎会对他人的痛苦和不幸那么无动于衷？还有，如果一些人依靠腐败积攒财富而丝毫没有廉耻之心，那么他们就不是社会的领导阶层，而是个不折不扣的盗跖[1]团伙。

知识就像过河用的木筏。如若过河之后，向他人挥舞那木筏，木筏就会成为施暴的凶器。

再看看现如今，那些毕业于名牌大学，以救人为天职的医生或者律师界的精英们，用他们的学识和权威，对弱者或女性施以暴力

1 盗跖为一人名，指称一个名为跖的大盗。

的案件时有发生。

作为一个人，自小花费时间去努力学习的结果却是做了些令人羞耻的事情，这就失去了教育的意义。即使是再好的名牌手表，如果不能准确计时，或者干脆停止计时，那也不能称其为手表，而只是一只手镯罢了。

教育的起始目的，是为了让人活出“人”的样子，其终极目标是为了不愧对 “人”这个称呼。因此，我们可以说，教育的目的在于“仁”。

数百名孩子在春暖花开的季节去游学旅行，结果却葬身在了冰冷的大海里。面对这样一件事情，我们会有怎样的感想呢？作为一个人，首先应该感到悲伤，把对死去的孩子们的哀悼和对失去子女的父母的慰问放在第一位；其次，作为没能守住这些孩子的社会共同体的一员，应该感到自责。这才符合孔子所说的“仁”。但是，事件发生后这个社会所采取的一系列举措，让我感到惊讶和恐惧——韩国社会居然如此冷漠。

到底是因为什么，“仁”从韩国的社会中消失了呢？

可以断言，是因为我们的教育。它并没有教育我们要活出“人”的样子，而是让我们进入了踩着别人向上爬的竞争漩涡里。从这一点来看，现有的教育理念应该用“弘益人间”这一理念来重新定义，知识分子则要重新思考“君子”之道。

那么，孔子如此强调“仁”，究竟又是为何呢？那是因为孔子所生活的春秋战国时代是一个列国纷争的动乱时期。

一方面，师任堂所生活的时代，也接二连三地发生了“甲子士祸”和“己卯士祸”等让书生流血的惨案。师任堂一定也知道与父亲申命和关系密切的人因“己卯士祸”惨遭杀害的事实。我认为，正因为师任堂经历过这些事情，所以她更加迫切地意识到需要建立以“仁”为本的道德基础。

君子是以“仁”为基础，兼顾“义礼智信”这几种行为规范来不断提高修养以完善自我人格的人。而“仁”的根本，又被称为是“孝悌”，这是人与人关系中最根本的品德，因为与父母兄弟的关系是社会生活的开始。师任堂在一生中谨言慎行，对待长辈恭恭敬敬，对待晚辈慈祥温暖，其中缘由，一定是她时时刻刻都把“君子”作为自己人生的榜样。

师任堂不像现在人们所理解的那样，甘心顺从于封建秩序做一个贤妻良母，相反，她一直在努力完善自己，也就是说，她一直坚持走在成为“君子”的路上。而后世之人，也果真称其为“女中君子”[1]。

1 朝鲜时代，被称为“女中君子”之人，除师任堂外，还有编撰了第一本韩文料理书籍《饮食知味方》的张桂香（1598—1680）；朝鲜时代女性理学家任允挚堂；理学家及诗人姜静一堂。

7岁临摹安坚的画，展露过人的艺术天赋

师任堂7岁时，就已经开始临摹起了安坚的画作。

> 母亲素日里便擅长笔墨，7岁时就能够临摹安坚的画作，所画山水图更是绝妙无比。而母亲所画的葡萄图，可谓无人能及。[1]

从上述内容，我们可以看出，尽管栗古是在推崇他的母亲，但根据栗古的品行，他一定是实事求是地记录了事实。师任堂在世时，擅长画山水和葡萄，不难推测，她生前应该是以画家的身份声名在外的。明宗时代的文人鱼叔权也对师任堂的绘画天赋赞不绝口。

1 引自李珥《先妣行状》。

师任堂的代表作《葡萄图》（以水墨作画于绸缎之上）

师任堂的葡萄图与山水图甚为绝妙，世人评价其为“安坚之后，又一大家”。怎能因为是妇人所画，便轻视其造诣？又怎能因其是女子，便责备其不应作画？[1]

幼年师任堂所模仿的安坚，是活跃在世宗到世祖时代的、朝鲜人引以为豪的天才画家。因绘画技艺高超，世宗时代，安坚的官职就从图画院的从六品晋升到了正四品护军。这是跳过朝鲜时代初期画家的最高官职正六品，晋升到正四品的第一例。他的代表作是听了安平大君讲述的梦境后，仅用三天时间就画成的《梦游桃源图》。

师任堂的山水画，流传至今的只有两幅。第24页中的师任堂山水画，据说是看了李白的五言律诗《送张舍人之江东》[2]后画成的，还把起承转合中相当于承的第三、第四句和相当于转的第五、第六句写在了画面的左上端，以此作为画题。

天清一雁远，
海阔孤帆迟。
白日行欲暮，
沧波杳难期。

1 引自鱼叔权《稗官杂记》。

2 原诗全文如下：张翰江东去，正值秋风时。天清一雁远，海阔孤帆迟。白日行欲暮，沧波杳难期。吴洲如见月，千里幸相思。

题有李白诗句的师任堂山水画《月下孤舟图》

师任堂会选择李白的诗句作为画题，又选择李白诗作中的《送张舍人之江东》，我认为，她是在委婉地表达自己的情感。

从内容上是否可以推断出，师任堂是因婚后思念远在千里之外的娘家而创作了此画，并附上了李白的诗句？孤雁、孤帆，也许正是在比喻师任堂自己。

第25页的山水画，是以唐代诗人孟浩然（689—704）的五言绝句《宿建德江》作为右侧画题的。

移舟泊烟渚，
日暮客愁新。
野旷天低树，
江清月近人。

师任堂山水画。现收藏于韩国国立中央博物馆

这首诗也许就是师任堂在借用“客愁”来吐露自己的凄凉之情。虽然不知道这幅画创作于何时，但是如果解释为师任堂把自己比喻为不知该在哪里投宿的漂泊之人的话，是不是可以推测，这幅画也许就作于她婚后身心俱疲之时呢？因为文人画的普遍特点是，即便是画一幅山水画也要映射出自己的内心。

师任堂所生活的时代，流行安坚的画风，在作画时喜欢采用竹子、山水、人物、花草等多样的素材，但还是以山水画为主。师任堂的画风也被后人评论为属于朝鲜时代初期安坚派的画风。

朝鲜时代的文人是以培养心性、提高修养为目的而作画，因此，比起精巧华丽的技法，更多的是采用“文字香，书卷气”[1]的

1 意思是：阅读大量的书籍，修养自我的品格，就会自然而然地散发出书的气息和文字的香气。

淡泊的水墨画法，还强调与诗和书法的密切关系，因此文人会全面修炼诗、书、画等方面的技艺。

说到这里，我们就有些疑惑了。师任堂是从哪里继承了这样的艺术才能的呢？还有，她又是如何看到安坚的画的呢？即便安坚再有名气，江陵距离汉阳也是非常遥远的。如果不是有人花费很大的精力搞到安坚的画让师任堂看到，师任堂是很难偶然间看到那些画的。

师任堂出生的江陵乌竹轩是她的外祖父李思温的故居，而李思温是从丈人崔应贤那儿继承的乌竹轩。崔应贤是崔致云的次子，崔致云是朝鲜前期的文臣，官至吏曹参判。

据说，崔致云的次女从小就跟随父亲学习《诗经》《书经》《孝经》。嫁给安贵孙的这个次女，文章出众、人品端正、言行正直。丈夫死后，她撰写了《悼亡夫词》，操办完祭祀后拒绝进食，自尽而亡。国家称颂了她的行为，并为其立了旌闾[1]。

如此说来，自尽的崔氏夫人是师任堂的外祖父李思温妻子的姑母。这是我们推断师任堂的文化才能与家族不无关系的重要根据。

又据说，崔应贤的孙子崔寿城（1418—1450）也出生在江陵，而且在江陵一直生活到7岁。李思温是崔寿城的姑父（请参照43页的族谱图）。崔寿城不仅在理学方面有一家之见，在诗文、书画、

1 旌闾是国家为鼓励美风良俗，在孝子、忠臣、烈女等人生活过的故里立红漆旌门以示表彰。

音律等多方面也都很有才华，9岁时就已经在文学方面自成一家，被人们称为天才。尤其在文章、书法、美术、音乐这四个领域，他展现出了过人的才能，被人们称为“四绝”。但是，崔寿城只热衷于做学问，并没有走上仕途。

以《洪吉童传》而闻名的许筠（1569—1618）的文集《惺所覆瓿藁》（“惺所”是许筠的号；“覆瓿”是指用盖子盖酱缸，是对自己文章的一种谦称）有如下的记载：

> 崔猿亭为人处事，不求能升官加爵，但求不惹祸上身。一日，诸贤齐聚静庵家中……猿亭提笔绘就一幅山水，金净则题诗一首：
>
> 清晓岩峰立，
>
> 白云横翠微。
>
> 江村人不见，
>
> 江树远依依。

崔猿亭就是崔寿城，静庵指的则是赵光祖[1]。看这段内容，便

1 赵光祖（1482—1520），朝鲜时代中期的文臣，思想家、教育家、理学家、政治家，号静庵。以文官供职于弘文馆与司谏院，参与普及理学理论书籍，并参与了彻底废除昭格署等活动。他致力于实现性理学式的道学政治理念，却因勋旧派势力的反击最终以失败告终。1519年，受反正功臣教唆的宫人们，在树叶上写上“走肖为王”的字样，并以此诬陷其谋反篡位，最终被流放至全罗南道和顺郡，并客死他乡。

可知三人的关系十分亲密，而且，崔寿城喜欢画山水画。

李思温是师任堂的父亲申命和的丈人，也是崔寿城的姑父。申命和跟崔寿城两人年龄相差11岁，但却是彼此的挚友。也许是大人们看到幼年师任堂用稚嫩的小手画的画，在忍不住给予赞美的同时，又怕埋没了师任堂的画画天赋，于是就托他人求来了安坚的画。求得当时最著名的画家安坚的画册，一定不是件容易的事情。父亲申命和很可能就是一边向崔寿城炫耀自己的女儿，一边托付崔寿城搞来安坚的画册。

直到19岁结婚之前，师任堂定是生活在一个富裕的家庭里，得到外祖父与父亲的支持，尽情地读着经典，画着画。当时在江陵那样的偏僻之地一定是很难搞到画的，甚至连画画用的纸笔颜料也一定是价格不菲。正是有了雄厚的财力做基础，并得到了家中长辈们的支持，少女师任堂才得以尽情地放飞自己的梦想。

就这样，在父亲的呵护和支持下，少女师任堂读着经典，吟诗作画，一步步实现着自己的君子之梦。但是，她也没能避开女子的宿命。过了16岁，又过了17岁，看着越来越大的女儿，父亲便开始着手为她挑选起了女婿。从少女到女人，师任堂的第二人生就这样拉开了帷幕。

| 第二章 |

19岁步入婚姻殿堂，等待她的并非是期盼的幸福

“想必你也是知道的，我虽然有好几个女儿……”

申命和终于还是开了口。

书桌的另一边，跪坐着一名相貌端正的年轻人，

是他的二女婿。

一想到要送走女儿，申命和那望着女婿的眼神中，

就情不自禁地流露出一股无以言表的感情。

这个年轻人是名门之后，却早年丧父，由母亲一人带大。

他是申命和深思熟虑之后，为二女儿定下的夫婿。

但是……

我的选择，究竟是对是错?

我那掌上明珠，二女儿。

让我每天都会问自己“她为什么要托生为女孩”，

如此聪明，如此有天赋的孩子，

结果却要就此离开我了。

“您请讲……”

年轻人面色平和地说道。

“我虽然有好几个女儿……但唯独你的妻子，不能让她离开我。”

申命和低沉地却又无比坚定地说完这句话后，紧紧地闭上了嘴。

婚后，师任堂一直住在娘家

师任堂在19岁那年（1522年，即中宗十七年），与汉阳的22岁书生李元秀（1501—1561）成婚。但是，婚后她一直住在江陵。

这其中有两个原因。第一，父亲申命和想把聪明的女儿继续留在身边。据说申命和对女婿李元秀说过：“我虽然有好几个女儿，但唯独不能让你的妻子离开我。”

但是，最宠爱的二女儿成婚后，申命和就好像完成了自己的使命一样，在女儿结婚不过几个月之后，就在47岁那年结束了自己的一生。师任堂为父亲守孝三年之后，才来到汉阳。师任堂以儿媳的身份首次拜见婆婆洪氏，是在结婚后的第三年。

第二个原因是，当时还留有高丽时代的婚姻风俗，所以成婚后女婿住在妻子娘家的情况是很普遍的。中宗十年（1515年）有文献记载："婚姻是万世之始，男方去女方家是悖逆天道之举，怎能不是错误的呢？"从这段记录来看，从高丽时代流传下来的从妻而居的婚姻风俗，一直延续到了那个时候。

尽管在当时而言，从妻而居的现象很普遍，但是，成婚的儿媳在婚后三年才第一次拜见婆婆，还是超出了常理，有些令人难以理解。师任堂的丈夫李元秀很早就失去了父亲，是由母亲一人独自带大的，可是他为什么会听从丈人的话，婆家又是为什么会同意他一直居住在丈人家呢？

有一种说法认为，是申命和主动向比自己家境稍差的寡妇洪氏提出这个婚约的。

申命和作为丈人，要把自己最呵护、最疼爱的二女儿嫁出去，定是仔仔细细挑选了亲家的背景和女婿的人品的。如果把女儿嫁到门当户对的富裕名门，选择一个前途无量的女婿，那么，面子上也许会很好看，但实际上，操办祭祀、迎来送往、伺候一个大家族，这些繁重的家务活都将成为女儿分内的事，申命和一定很清楚这一点。

在申命和看来，如果自幼聪明伶俐、多才多艺的女儿结婚后跟大部分的女子一样过着平凡的生活，他将无比心疼。出于这些想法，申命和最终看中了李元秀。德水李氏亦是名门，没有公公，女儿自会轻松许多，准婆婆洪氏的为人也是纯朴善良，而且听说准女婿虽然不是非常出众但也是个憨厚老实之人。所以，申命和才会断然要求女婿住到丈人家来。当然，对赡养寡母的李元秀来说，这件事一定是让他左右为难的，所以，他肯定也和洪氏夫人商量了这件事。从许多事情中，我们都可以看出李元秀是一个犹豫不决、自我

英国的版画作家伊丽莎白・基斯的作品《乡村婚礼》（1921年）

意识不是很强的年轻人。

那么，洪氏夫人又是出于什么原因允许自己的独生子去千里之外的丈人家做倒插门女婿的呢？洪氏夫人也一定犹豫过。孤身一人的她，该多么盼望能与儿子一起生活呀！可是，从妻而居，对儿子的将来一定是利大于弊的。也许洪氏夫人还梦想过，如果儿子住在经济上比自己富裕、学识又高的丈人家，那么一是可以过安稳的日子，二是可以跟着学识渊博的丈人做学问，也许将来还能够考中科举，走上仕途。

自己的丈夫在24岁正值青春年华时去世，洪氏夫人的内心一定很痛苦。对她来说，可以依靠的人只有儿子李元秀。但是，自己没有什么学问，也无法教给儿子什么，而且儿子好像对做学问也不感兴趣。对此，洪氏夫人的内心充满担忧。

在朝鲜时代，士大夫出身的人，如果没有考中科举，就不能谋得官职，没有官职，经济上就会十分困难。但是，现在有名门望族来求婚，甚至明摆着丈人家会从精神上、物质上全力支持自己的儿子，站在洪氏夫人的角度来说，没有不同意婚后从妻而居的理由。在当时，想准备科举考试，就一定要有经济实力做后盾。就像现在，如果想通过司法考试，或考上医科大学，就必须有相当雄厚的经济实力做保障。

朝鲜时代，科举考试每三年举行一次。朝鲜时代的两班子弟，从8岁起便开始学习经典准备科举，而最终考取功名的平均年龄则为35岁。在27年的准备过程中，家里必须从经济上给予大力的支持。当今社会，许多人都觉得用10年时间来准备司法考试是无比煎熬的事情，而与之相比，古人则对科举投入了令人难以想象的时间和精力，考科举甚至成为了家族中最重要的事情。

当时的书费也是相当昂贵的。类似《大学》《中庸》这种书籍，相当于农田1—2马直（1马直大概相当于200坪，约660平方米）一年所产谷物的价钱。虽然法律规定，只要是良人身份就可以参加科举，但对普通百姓来说，科举也只不过是水中月、镜中花罢了。

但即便如此，考中科举的人中，仍有50%以上都出身平民，由此可见，对平民家庭来说，科举制度是他们能够有机会“成为两班”的唯一平等的制度。根据首尔大学名誉教授历史学家韩永愚的研究，朝鲜时代初期，平民考中科举的比例在40%—50%之间，而在高宗时期，则达到了58.61%。“老鸹窝里出凤凰”，说的不正是这种情况吗？

19世纪一位不知名的画家所画的《小科应试》。朝鲜时代的两班子弟，从8岁起便开始学习经典准备科举，而最终考取功名的平均年龄则为35岁，这需要家族在经济上鼎力支持。而科举考试所带来的心理压力，也并非一般人所能承受的。

那么，师任堂的家族究竟如何“了得”？其丈夫李元秀又是何出身呢？让我们来仔细研究一下他们的家谱。

师任堂的父亲申命和是高丽太祖时期的忠臣申崇谦的第十八代子孙，祖父是官拜宁越郡郡守的申叔权，申叔权是太宗的小女儿贞善公主（1404—1424）的外孙。由此可以看出，师任堂与李元秀一样，都是王族的后裔。而且，她的曾祖父是成均馆大司成申自绳。如果成均馆相当于现如今的首尔大学，那么大司成就相当于首尔大学的校长。

师任堂的父亲申命和虽然考中科举时年龄已稍大，但最终仍没有走上仕途。而因其刚正不阿的性格，在中宗时期，他曾被任命为己卯明贤之一。虽然栗谷没有留下任何关于父亲李元秀的记录，但其对外祖父却怀有一颗崇敬之心，以至于亲自为外祖父撰写行状。并且，师任堂的外祖父家也是名门望族，她的母亲李氏夫人，是世宗时期历任司宪府史曹参判的崔应贤的外孙女。

世宗大王，甚至为崔应贤的父亲崔致云亲自撰写了哀悼其去世的祭文。由此可见，不管是师任堂的亲祖父家，还是外祖父家，都是名副其实的名门望族。

再来看李元秀，与忠武公李舜臣（1545—1598）同属德水李氏，两人是远亲同辈。自朝鲜王朝建国以来，德水李氏世代担任朝廷官职，也是个不折不扣的名门。李元秀的第四代祖先李明晨（1368—1435）曾是沈悰的女婿，沈悰是太祖的二女儿、太宗的亲姐姐庆善公主的驸马，所以也可以说李明晨是太祖女婿的女婿。而且，李明晨的丈人沈悰还是世宗的丈人沈温[1]的亲哥哥。

同时，李元秀的祖父李宜硕虽然曾任庆州判官（从五品，相当于现在的事务官），但李元秀的父亲李蒇（1483—1506）却并未走上仕途，而是在24岁时就英年早逝。所以，李元秀的家族，才会家道中落。父亲去世时，李元秀年仅6岁。

他由寡母洪氏一手带大，对做学问没有太大的兴趣。据记载，李元秀身为寡母的独生子，并没有遇到一位能教导他学问的老师，

1 沈温（1375—1419），高丽末期、朝鲜初期的文臣。身为朝鲜王室的双重姻亲，他既是世宗的丈人，又是世宗的舅舅闵无恤的亲家。同时，还是明宗时期的兄弟丞相沈连源、沈通源及明宗妃仁顺王后父亲沈钢的直系祖先。成宗与燕山君时期的丞相卢思慎是他的外孙。

而是天生好玩，性格优柔寡断。而且，栗谷分别撰写了母亲师任堂、外祖母李氏、外祖父申命和的行状，唯独没有为父亲李元秀撰写行状，这又说明了什么问题呢？

首先，应该是李元秀没做过什么可记载之举。他年过五十，才好不容易坐上了水运判官的位置，而水运判官只是隶属于户曹的下等官职，是管理将上交朝廷的粮食运往汉阳的船舶及相关业务的官职。而且，在师任堂死后，与李元秀再婚的女子，正是让师任堂伤心一生的那个人。这样一位父亲，在栗谷心中究竟会居何等地位，应该不难推测。

父亲申命和的决定，对日后师任堂能够在文学及艺术方面，施展自己的才华，起到了极其重要的作用。但是，丈夫优柔寡断、品性庸劣、意志薄弱，这让师任堂为他操了一辈子的心。而丈夫的婚外恋，又让师任堂含恨度过了一生，这也是不争的事实。

父亲病倒，师任堂的母亲日夜不停祈祷七日

如果说师任堂从父亲那里学到了如何做学问，那么，她从母亲李氏夫人那里，则潜移默化地受到了孝道的熏陶。我们可以通过栗

谷所记的《李氏感天记》或《外祖妣李氏墓志铭》等记录，比较详细地了解李氏夫人的一生。

据龙仁李氏大同谱《李氏感天记》中记载的资料，我们可以看出，师任堂的品性很多都继承自她的母亲。

> 外祖母天性纯良，为人开朗，举手投足向来娴静沉着。凡言语出口必付诸实践，行事虽一向慎重，对行善之事却从不辞辛苦。她识文断字，可背诵《三纲行实图》，却从不炫耀自己的学识。[1]

李氏夫人自幼在江陵的外祖父母家长大，嫁给申命和之后就住到汉阳的公婆家，侍奉公婆。可是母亲崔氏患病后，身为独生女的李氏为了伺候母亲，又回到了江陵。李氏悉心照料母亲，她的孝行赢得了全村人的赞誉。

> 有一次，进士（申命和）来到江陵，要求李氏跟自己回汉阳。李氏哭着说道："女子有三从之道，故不能违抗夫君之命。可是，我的父母都已衰老，而我又是独生女。如果我不在身边，他们又能依靠谁呢？又何况，您的母亲也因久病而不能断了汤药，怎么能抛开她呢？我为此哀痛

1 引自李珥《李氏感天记》。

而流泪，现在，您应该回到汉阳而我留在这里，我们各自侍奉老人家，您看怎么样？”

进士听了夫人这番话语，也深受感动，流下了眼泪，并最终采纳了夫人的建议。1521年，李氏的母亲崔氏去世，进士离开汉阳前往江陵的途中，在骊州接到讣告，悲伤过度，引发了头痛病。本应该修养调理身体，可是，进士心急如焚，决定继续赶路。当他来到江陵时已衰弱不堪，生命垂危。

李氏刚刚给母亲发完丧，又遭遇如此突如其来的灾难，但她仍然坚毅地、尽心尽力地在外曾祖父崔致云的坟前焚起香，七天七夜不曾合眼，虔诚地祈祷着。

“上天啊上天，给善良的人以祝福，给凶恶的人以惩罚，乃是上天之道啊！行善积德，又反复作恶，也确是人之本性。我的夫君坚守了做人的准则，没有做过邪恶之事，所有的举动没有一丝一毫的凶恶。

“我的夫君失去父亲后，在其父坟墓旁盖个了简棚，守了三年，这期间只吃素食，全心全意尽了孝道。如果上天知道普查天下，就应该区分所有的善恶啊！可是为什么要给我们降下这样的灾难呢？我刚刚失去了母亲，夫君又病危，我这般孤独之身，究竟该依靠谁去？上天和人的道理应该是相通的，愿上天体察我的难处。所有这一切都是我不够虔诚导致的。虽说‘身体发肤受之于父母’，不能损伤一丝一毫，而我的天是我的夫君，我的天都要塌下来了，我又怎么能自己过活呢？

“我愿意用我的身体代替我夫君承受磨难，上天！请体察我的心情！外曾祖父！您在世时是忠臣，死后一定成为了纯洁的灵魂，请您禀告上天，向他转达我的真诚吧！”[1]

第二天，师任堂在母亲李氏旁边坐着，有些困倦，就打了个盹做了个梦，梦见从天上落下来一粒红枣大小的药丸，一位神人接过来喂给了父亲。父亲申命和也做了个梦，梦里有位神人说道：“一定会让你好起来的。”第二天，申命和竟然痊愈，轻快地起身在院子里走动，村民们惊叹不已，都说是李氏的真诚感动了上天。这件事后来传到了朝廷，中宗命令在李氏家门前立旌门，免除其户役。

李氏就是这样尽心竭力地恭敬父母、侍奉夫君的。对此，栗谷是这样评论的：

李氏是我的外祖母。她在处理父子关系与夫妇关系时，时刻以仁礼为准则，恪守妇道。妇人当以她为榜样。夫妻之情并非不够深厚，却因为要侍奉母亲，而与丈夫分隔两地16载，更是以精诚之心感动天地，最终令进士（申命和）久病痊愈。如若不是拥有出众的品行与超越古人的节义，又怎能达到如此境界？倘若，她能跻身朝臣之列，

1 引自李珥《李氏感天记》。

师任堂父亲家关系图

始祖
申宗谦
16世
申自绳
17世
申叔权
申命熙
申命重
申命益
申命和
龙仁李氏
女
安东张文友
始祖1世
李敦守
李文寿
李藏
师任堂
1504－1551
李元秀
李璿
李璠
女
坡平尹氏
女
洪天佑
李瑀
长女
（李梅窓）
李珥
谷山卢氏
第二任夫人
李景临
第三任夫人
清风金氏

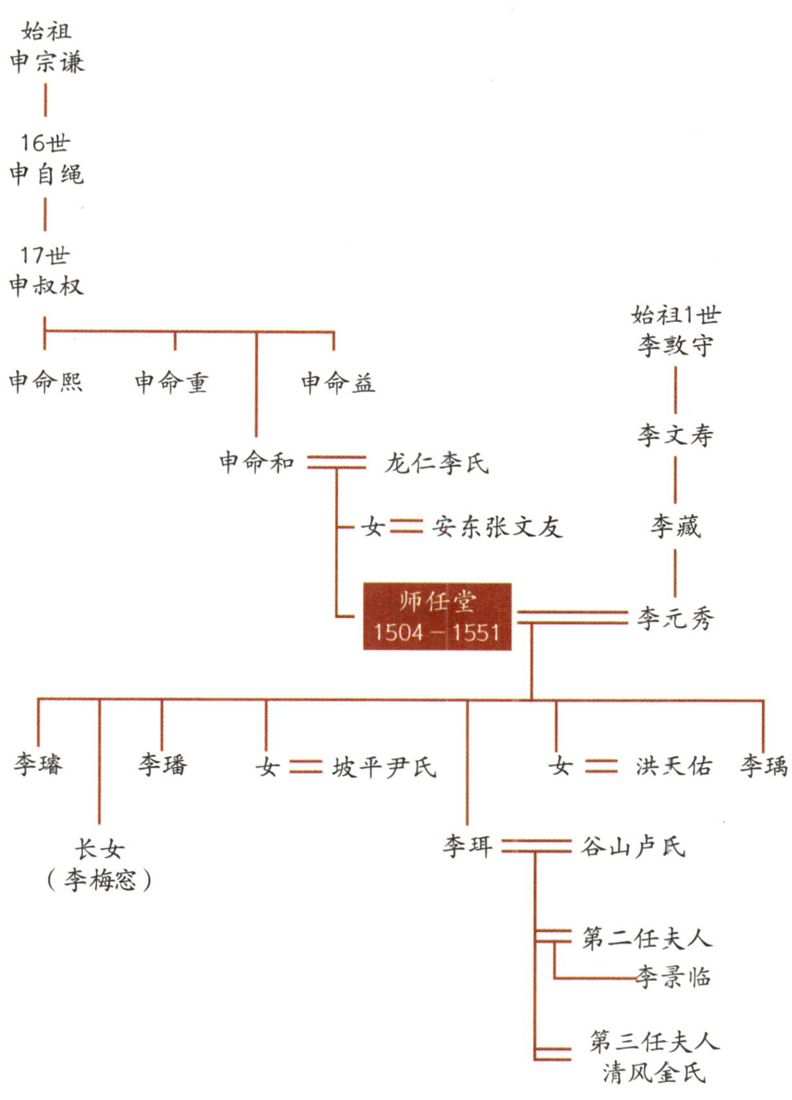

处身于君父之间，定能尽忠尽孝，将国家带上正途。[1]

栗谷认为，如果李氏夫人托生为士大夫，以其忠孝定会成为国家的栋梁之才。栗谷跟母亲师任堂一样，出生在外祖父母的家，并在乌竹轩长大。母亲去世后，栗谷依然对外祖母有着深厚的感情。李氏夫人还为栗谷留下了遗产，栗谷也负责操办了外祖母的各种祭祀。

对栗谷人格的形成产生了重大影响的母亲师任堂，在栗谷16岁时去世。之后，栗谷在极度的悲伤中度过了三年的守墓生活，并暂别世俗，隐居到金刚山修行。一年后他下山来到外祖母的家江陵，替母亲尽孝于外祖母，直到外祖母以90多岁高龄辞别人世。

戊辰年（1568年），栗谷33岁。当年11月他被任命为吏曹佐郎，可是一听说外祖母患病的消息，他就立刻递上辞呈赶回了江陵。针对栗谷的行为，司谏院请求朝廷罢免其官职，但是宣祖却并未批准，他说："虽然是外祖母，但如果感情深厚，又怎能不去探望？只因行孝而罢其职位，实在是太过严厉了。"随后，在第二年己巳年（1569年）6月，宣祖再次任命栗谷为弘文馆教理。然而栗谷为了奉养外祖母，递上了《辞教理陈》。

不过，宣祖读完栗谷的上书，却并没有批准他的请求。7月，栗谷再次接到宣祖的召唤，从江陵来到了首尔汉阳。但是到了8月，栗谷为了回到江陵，再次递上了《辞教理仍陈情疏》来请求辞

1 引自李珥《李氏感天记》。

师任堂母亲家关系图

崔致云
崔应贤
女儿（崔氏夫人）
安贵孙
儿子
女儿（崔氏夫人）
李思温
李氏夫人
申命和
师任堂
1504－1551
李元秀
李璿
李璠
女
坡平尹氏
女
洪天佑
李瑀
长女
（李梅窗）
李珥
谷山卢氏
第二任夫人
李景临
第三任夫人
清风金氏

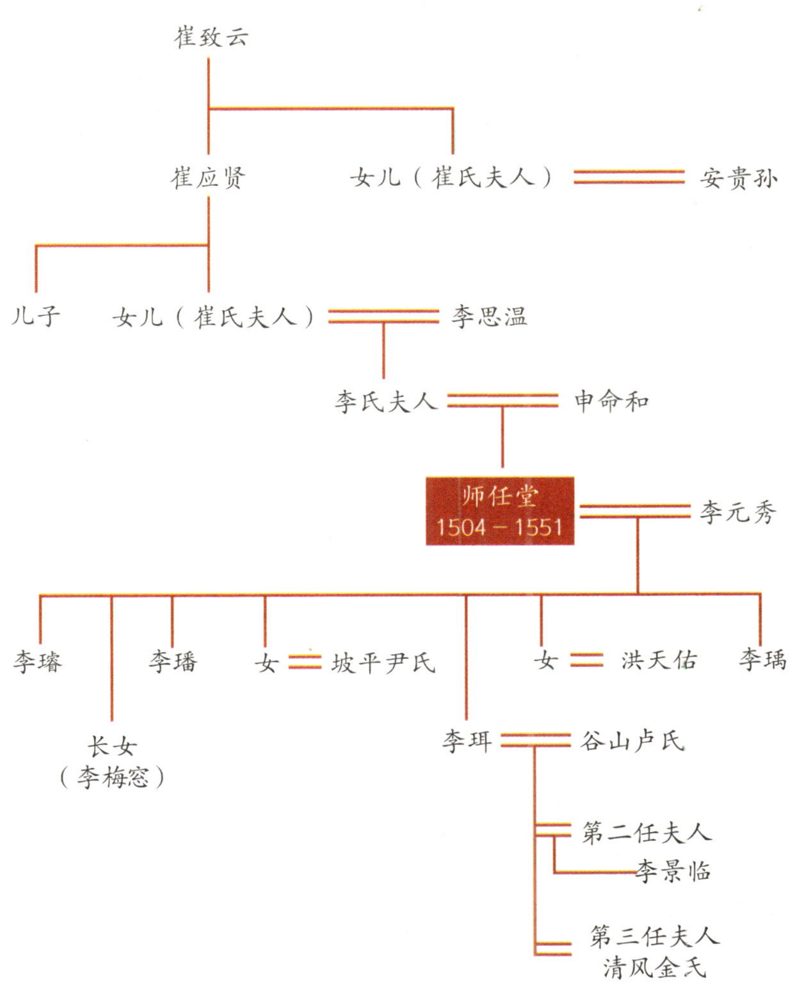

职，不过这一次，也未获得批准。

10月，栗谷为了奉养外祖母再次恳请辞职，这次，宣祖准许他可以休假。结果，在返回江陵的途中，他就得到了外祖母去世的讣告。在栗谷眼里，从外祖母患病的戊辰年11月开始，侍奉衰老的外祖母，就成了比任何事都重要的事情。

栗谷经常抒发对外祖母的思念之情。在《辞教理仍陈情疏》中他也曾提到，外祖母实际上就像母亲一样。栗谷还在《祭外祖母李氏文》中写道："祖孙关系只是名目，实则情同母子。"一句话，对早年丧母的栗谷来说，外祖母代替了既是恩师又是慈母的母亲师任堂的空缺。

栗谷将刻骨的情感表达如下：

> 外祖母年过九旬，又因久病缠身，长期卧于病榻，可见时日不多。我因有官职在身，不便前去探望，深怕外祖母突然辞世，令我悔恨终身。故以患病为由，（戊辰年）辞去官职，日夜兼程回到江陵，侍奉于外祖母的病榻前。外祖母的一举一动均需要有人帮扶，她艰难地维持着一丝力气。我深怕外祖母突然驾鹤归西，实在不忍离开她身边半步，因此也始终无法回到汉阳。[1]

1 引自《辞教理仍陈情疏》。

栗谷是在向宣祖说明，自己为什么会在戊辰年11月辞去教理官职而回到江陵，又为什么会在己巳年6月再次辞去教理一职。不过，上书没有得到批准，栗谷最终还是没能为外祖母送终。

李氏夫人去世后，栗谷在祭文中哀痛道："怀着没能尽孝于父母的悲痛，只知尽孝于外祖母一位，您日夜都在我心里，可是现在又要将我抛弃吗？"

纵观上述内容，我们可以知道，大学者栗谷之所以能够做成大学问，就是其将出发点立足在了孝道上。所谓孝道，并不是他从书本中学到的，而是自小的耳濡目染，让其在潜移默化中，从父母的身上熟习了如何尽孝。我们还可以得知，李氏夫人那高尚的德行，不仅影响了师任堂，更是对栗谷的一生产生了深远的影响。

顺带让我们了解一下，栗谷弃如敝履的吏曹佐郎究竟是个怎样的官职。在朝鲜时代，吏曹佐郎是吏曹六品官职，虽然只相当于现在的行政安全部科长的职位，然而这个职位只有司谏院和司宪部官员才有任命推举权，在弘文馆里最贤明、最有威望的人才能被提拔为吏曹佐郎。因此，这个职位也被称为"官职之花"。

此外，这一职位可以不受包括吏曹判书在内的任何人的干涉，拥有独立的人事权。如果不犯大的过错，这个官职有机会一路晋升到三公六卿的职位。比照现在，就是个可以做到部长级官员的位置。

但是，栗谷竟然辞去这样的官位，只为去伺候患病的外祖母，司谏院上书请求罢免这样不懂官场事理的年轻人，也并非无理之举。朝鲜时代经历了几百年的党派之争，甚至可以说是吏曹佐郎之争，仅凭这一点，就足见这个位置是何等重要。

现在想想，朝鲜时代三角形结构的人事系统，比现在的总统制人事制度更为合理、更为先进。在国政运营中，人事问题最迫切也最重要。说一个国家的腐败之风来源于人事权的专横，一点都不为过。但是，如果现任的行政部科长为了伺候患病的外祖母递上辞呈，又会有谁称赞他的孝道呢？比起尽孝，更多的人都会优先考虑家庭的生计问题。

究其根源，就是有师任堂娘家的经济实力做坚实的后盾，栗谷才能够如此全心全意地尽孝，但是身为士大夫，抛开有稳定升官保障的官职，也实属不易之举。外祖父申命和当年中了科举却毅然决然地放弃了仕途之路，这样一种轻视名誉与仕途、重视道义与信仰的家风，对栗谷的上述举动，也产生了至关重要的影响。

栗谷曾多次辞职，好像还有其他原由。据了解，栗谷也曾想尽心辅佐宣祖，使其成为不逊于历代其他君王的圣君，实现他那富国强兵、创造太平盛世的梦想。尽管宣祖了解栗谷的学识与忠诚，但却并没有百分之百地信任栗谷。宣祖是以庶子身份登上王位的第一人，他对自己的出身有着强烈的自卑感，因此他对任何人都无法完全信任。他甚至连自己的亲生儿子光海君都不信任，将其当成是窥视自己王位的对象，并进行了多次的试探。

栗谷如果在世宗大王或者正祖大王时期出任官职，又会是怎样一番情形呢？我们可以这样认为，栗谷每次因不能施展自己的抱负而失望时，就会以自己或者外祖母患病为由提出辞职申请。而且，当时“东人党”与“西人党”的政治斗争，也让栗谷感到疲惫，或许这也是缘由之一。

新媳妇，过了三年才拜见婆婆

为父亲守孝三年之后，年方22岁的师任堂来到了汉阳。这是她在婚后，第一次拜见自己的婆婆。三年来，一直是丈夫李元秀独自来往于江陵乌竹轩与汉阳之间。

不过，就在师任堂守孝满三年的同年9月，她在汉阳生下了长子璿，与申命和的忌日11月7日相差两个月。换句话说，也就是在师任堂为父守孝第三年之际，李元秀与师任堂合房并有了身孕。由此可见，李元秀对士大夫所要遵从的礼并不在乎，而是更忠实于自己的本能。

师任堂在一个不仅是父亲，就连外祖父、外祖母、母亲都恪守礼法的家庭中长大，难免会对如此不遵从礼法的丈夫大失所望，并对将来所要面对的婚姻生活充满了苦恼。

婚姻不仅是男女双方的结合，更是两个家族的结合。婚姻生活中经常会遇到的矛盾之一，便是娘家与婆家之间的经济文化差异所带来的一系列问题。师任堂的娘家，不仅有雄厚的财力，而且家族成员在文学与艺术方面都具备较高的素养，而婆家在这些方面的水平则相差甚远。栗谷没有留下有关父亲、祖母及亲祖父家亲戚的任何记录，就足以证明上述观点。

另一面，在丈夫的故乡京畿道坡州栗谷里及自己的娘家江陵凤坪等地生活了十余载的师任堂，在其38岁时，回到了汉阳的婆家。也就是说，她是在结婚将近20年之后，才回到汉阳住进了寿进坊（今天的清进洞）。而这时的婆婆洪氏也早已年迈，无法主持家务，所以师任堂就理所当然地接管了家中的各项事宜。

不过，《李氏分财记》中提到，师任堂的母亲李氏夫人，在将遗产分给五个女儿的同时，还命栗谷负责操办祭祀的事情，并将房屋一处和田沓若干分给了他。而当时，恰好是栗谷离开江陵外祖父家，与师任堂一同回到寿进坊的那一年。如果用现在的话说，这应该算是外祖母以外孙的名义，为其置办了一套房产。

师任堂奉养婆婆洪氏，可谓是尽心尽力。栗谷如是写道：在婆婆面前“谨言慎行”，“跪答所问，不在婆婆面前训斥姬妾，语气始终温柔，面色始终平和”。

有一天，宗族亲戚聚会，女眷们围坐在一起说说笑笑，只有慈堂（师任堂）沉默不语，洪氏见状，便询问慈堂：“新媳妇为何不开口呢？”慈堂听闻，跪于洪氏面前，说道：“小女未曾踏出家门，并无所见所闻，又怎么能谈论一二呢？”说罢，周围的女眷们均露出了羞愧之色。[1]

1 引自李珥《先妣行状》。

当时，应该是师任堂与婆婆洪氏、亲戚女眷们聚在一起，谈论着身边的趣闻或别人家的私事。因为婆婆在场，师任堂也不好离座而去，就在这时，洪氏夫人问与师任堂，师任堂只好回了一句。作为儿媳，师任堂的态度很是温柔，但她的回答却话里带刺。“像这样聚在一起在背后议论他人，我觉得很是无奈，不想与你们搭话，所以一直没有开口”，大概师仁堂就是这个意思吧。

结婚28年来，
丈夫游手好闲，妻子勤劳贤惠

师任堂的丈夫德水李氏李元秀（1501—1561）原名兰秀，后才改名为元秀。李元秀的父亲，还没等考中科举走上仕途，24岁时就离开了人世。李元秀是被母亲洪氏一手带大的。因此，他从小就没有什么机会学习经典，也没有能够教育他的老师。最重要的是，李元秀本人对做学问根本就没有什么兴趣。

栗谷在《先妣行状》中，写了一段有关父亲的文字：“性格豪放不羁，因此不懂得如何管理家中财产，导致家境并不富裕。”虽然栗谷写得委婉，但要表达的意思清晰可见：父亲与母亲或外祖母不同，不喜做学问，也毫无经济概念，因父亲的无能而导致家境不

富裕，让母亲也跟着受了苦。

而且，栗谷认为，李元秀之所以没能考中科举，担任官职，并不是因为他对科举没兴趣，而是他不愿意寒窗苦读十余载，诵读佛经也只是为了消遣。如果父亲有远大的抱负，只是不愿走上仕途，那他也就不会经常出入参与了“乙巳士祸”的堂叔家了。

栗谷的《先妣行状》《见睫录》，以及郑来周（1680—1745）的《东溪漫录》中，都有关于李元秀的记录。

在《栗谷全书》谥状中，李廷龟（1564—1635）对李元秀如此评价：“真实、真诚，而且善良，有着古人的气节。”话虽如此，但李廷龟之所以对李元秀有如此高的评价，仅仅是因为他是大儒学家栗谷的父亲。如果仔细研究他的日常生活，就会发现：李元秀虽然善良，但却是个游手好闲之人。

那么，从小就喜欢研读高深的书籍，可谓读书破万卷，并时刻谨记古代圣贤的教诲，将成为一名君子视为人生目标的师任堂，又是怎样看待“夫君”李元秀的呢？从一则逸事中，我们倒是可以窥探一二。

> 当时，刚来汉阳婆家并没有多久。李元秀想要向朋友们炫耀夫人的才艺，便请求夫人作画一幅，师任堂虽有些难堪，却终是抵不住丈夫的催促，令婢女拿了个鍮器盘来，简简单单画了几笔。[1]

1 引自李珥《先妣行状》。

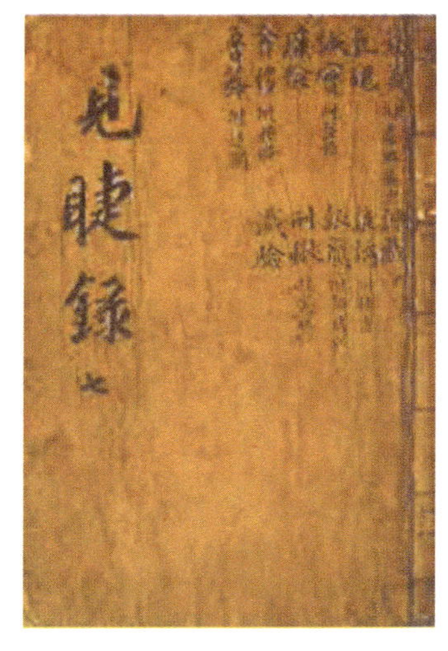

《见睫录》。将制度、风俗等细分为66类，并加以详细记载，其中观点均立足于儒学伦理观，以人物为中心展开书中的内容。

栗谷在《先妣行状》中写道：“如果父亲之行有所失误，那么必亲自谏言。”而且，李能和（1869—1943）所撰写的《朝鲜女俗考》中，也有一段对师任堂的评价：“李公若懈怠于学业，那么申氏必会从旁提醒，使他端正态度，真是位贤惠的夫人。”

从上文我们可以得知，李元秀想要向友人炫耀夫人的绘画才能，是个好面子的人，而且言行举止也多有不妥之处。

师仁堂没有在纸上作画，而是选择在鍮器盘上作画，是因为她觉得只要让人们看到她的绘画才能就足够了。从这一点上，我们可以看出，师任堂是个心思缜密且充满智慧的女人。既是丈夫的请求，如果不应允那就是驳了丈夫的面子，但她又不愿意让自己草草画之的作品流向外界。

从这一则逸事中，我们可以看出，李元秀对师任堂的绘画才能有着很高的评价，对夫人作画这件事，他也是支持的。从《先妣行状》中，我们则可以看出，在儿子栗谷眼中，他的母亲能够很好地顾及父亲的感受；而在别人看来，师任堂则是一位贤惠的妻子。

不过，当事人师任堂究竟有着怎样的想法呢？

据推测，李元秀做事应该从来都是顾头不顾尾的，只有在陷入困境时，才会与夫人商议。

每当这个时候，师任堂都会觉得自己是在对牛弹琴，并恳切地希望李元秀至少能够熟读《小学》，并从中学习做人的道理。李元秀天性散漫，喜爱饮酒作乐，并不关心家中事物，从来不会自觉读书，也没有参加科举之意，师任堂为此也是操碎了心。但是，李元秀并非心性歹毒之人，而且也并不贪恋权势，这对师任堂来说，应该也算是一种慰藉了。

江陵一带，还流传着一则有关师任堂与丈夫李元秀的逸事，从这件事中，我们也多少能够对李元秀的性格有更全面的了解。

这是师任堂居住于乌竹轩时发生的一件事情。有一天，她端坐于丈夫面前，说道："身为男子汉大丈夫，如果一生平淡无奇，又有何意义呢？我认为，身为男儿，应当专心于做学问，为社会作出自己的贡献。为此，我希望能够与您分居10年，好令您专心学习。"

李公终是将自己心爱的妻子留在了娘家，只身踏上了回汉阳的路。结果，他却在到达距离妻家乌竹轩约20里的城山时，便不再前行，等到太阳落山之时，竟然打道回府了。师任堂非常惊讶，而后又冷静地再次送走了他。第二天，李公再次踏上了行程，却在40里外的大关岭加味谷再次回了头。第三天，则又在大关岭半顶回了头。

师任堂失望地说道："大丈夫立志修学，并以十年为期，踏上了路途，结果却像现在这样，连续三天打道回府，日后还能干成什么大事？"

丈夫李元秀回答道："学业虽是学业，但我实在无法离开你10年之久，就连分开一刻钟，我都难以忍受。我也是无可奈何啊！"

师任堂无奈，竟将针线盒中的剪刀放在丈夫面前，凄然地说道："如果您无法下定决心，专心研究学问，我就当您是不愿成为一个真正的人。既然如此，我对这个世界，也没什么好留恋的了。我决定，用这把剪刀剪掉三千烦恼丝，剃度为尼，从此隐居山林。"

李元秀听完大吃一惊，再三向师任堂保证，并即刻启程回到汉阳，专心研究起了学问。

身为男子汉大丈夫的李元秀，在与夫人约定了苦读十年之后，却因意志薄弱而无法遵守约定。由此可见，李元秀对做学问根本毫无兴趣，倒是更希望能够留在夫人身边，与夫人沉溺于儿女情长，做一个平凡的丈夫。

李元秀的祖父李宜硕官至左参赞，相当于今天的长官大人。他既然能成为如此高官，那在学问与修养方面，必然是无可挑剔的。

而其孙子李元秀对做学问如此没有兴趣，其中最主要的一个原因应该是他自幼丧父，并由寡母一手带大。

师任堂一生都在教育子女要“立志”。当然，她也是从小就有着明确的志向。而李元秀，恰恰就是因为没有“立志”，所以一生都只能靠着祖上的阴德[1]和亲戚们的门路，勉强得个下等官位。李元秀准备了3年科举，在落榜之后，靠着祖上的阴德，好不容易得了个官位，而那时的他已经50岁，结婚也有28年了。而这个官位，也只不过是个从五品的水运判官。就在成为水运判官的第二年，李元秀带着大儿子与栗谷，坐船从平安道办事而归时，师任堂在清进洞的家里，离开了人世。妻子临终时，李元秀也没能陪在身边。

当时，慈堂（师任堂）每每写信寄于水店时，总是忍不住落泪，人们却始终不知为何。

5月，漕运结束，家君（李元秀）乘船返回汉阳。不过，还没等家君回到家中，慈堂好容易痊愈2—3日后，却将所有子女喊到床前，说道：“我命不久矣。”入夜后，慈堂一如往常地睡去，子女们便以为母亲已然康复。却不料在17日凌晨，突然辞世，享年48岁。

1 阴叙又称为阴德。高丽及朝鲜时代，为了优待忠臣并维持两班家族的身份，对其子孙，不以科举为选拔标准，而是以家族背景为标准令其担任官职。一般对已合格成为生员或进士，却又不够资格参加大科的朝臣家子弟，根据阴德制度任命官职。

当天，家君抵达西江，栗谷陪在其身边。

行装中的鍮器盘突然全部变成了鲜红色，大家都在纷纷议论着这桩怪事。结果，没过多久，便传来了讣告。[1]

虽说同胞兄弟也是性格各异，但最终还是各自的生长环境，会影响他们的一生。所以，天赋异禀固然重要，但生长的环境与所接受的教育，才是最终影响人一生的关键因素。

即便师任堂天资聪颖、天赋过人，但如果她出生在贫穷的普通百姓家，那她的人生也会彻底地改变。同样，如果李元秀在父亲或祖父的教导下研习了经典，说不定他也能立志考科举，走上仕途，堂堂正正地度过一生。李元秀优柔寡断的性格，与洪氏夫人刚正的性格不同，由此可见，她并没有严加管教自己的儿子，而是以一个母亲的本能，尽全力呵护着儿子长大。

师任堂之所以一辈子都在督促丈夫研习经典，是因为她觉得，人只有有所学，才会有所作为。师任堂应该是希望，丈夫在研读古代圣贤的书籍时，能够多多少少学到一些做人的道理，并提高人格修养。

栗谷因没能为母亲送终而感到无比遗憾。他在写给挚友崔岦[2]的书信中说道，做学问是以古代圣贤的品德为目标，但如果没有老

1 引自李珥《先妣行状》。

2 崔岦（1539—1612），朝鲜时代中期的文人兼文臣。与栗谷李珥等人一同被誉为宣祖时期的八大名门大家。他与著有《东医宝鉴》的许浚、一代名笔韩石峰是挚友。

师，那就很难参透其中的道理。这也是师任堂希望自己、丈夫，以及子女们能够明白的道理。

> 一个人是否有才能，取决于他是否勤于学习；一个人是否品行端正，则取决于他是否行得正、坐得端……大丈夫不学则已，但只要学习了经典，那么便应该以古代圣贤的品德为目标，怎能自己降低要求呢？不过，如果没有出色的老师做指导，那么单凭自己也是难以通晓其中真理的。即便是圣人，也在不停地学习、研读，更何况是普通人呢？[1]

生命垂危之际嘱咐丈夫“我死后，你不要再娶”

那么，师任堂与李元秀的夫妻关系，又是怎样的呢？

师任堂19岁时两人成婚，48岁时去世，所以两人一同度过了29年的婚姻生活。

1 引自《栗谷全书》卷3·与崔岦志。

师任堂生下长子璿时21岁，生下长女梅窗时26岁，之后生下了二儿子璠与二女儿，33岁时生下三儿子栗谷，随后生下三女儿，在39岁时生下小儿子瑀，共育有4男3女。乍一看，师任堂的家庭多子多福，而实际上她的婚姻生活并不幸福。

人们经常将师任堂与许兰雪轩[1]作对比，而首先要谈到的，肯定是两人的夫君。

师任堂的丈夫善良、谦和，但许兰雪轩却将自己的丈夫称为人生“第三恨事”，由此可见，比起许兰雪轩，师任堂还算是有福气的。但不管是师任堂的丈夫李元秀，还是许兰雪轩的丈夫金诚立，在学识方面，两人都可谓是半斤八两。

两人均为名门（德水李氏和安东金氏）之后，但却喜饮酒作乐，性情风流，贪恋女色，对学问毫无兴趣。而且两人都迎娶了比自己出色的女性文人为妻，自尊心也因此受到了很大的伤害。

但李元秀膝下育有7子，由此可见，比起金诚立夫妻，李元秀夫妻的关系应该还算融洽。只不过因为师任堂总是时时督促李元秀专心于学业，而从小自由惯了的李元秀深知自己的品性，所以才会选择离家为官。不过，李元秀应该还是很尊敬自己的夫人的，在精

1　许兰雪轩（1563—1589），朝鲜时代中期女性文人的代表人物。原名楚姬，号兰雪轩。草堂许晔之女，许筠之姊。出生于江陵，在草堂度过了幼年时期。著有诗作300余篇，散文及随笔流传下来的大概有213篇。她虽然经历了与丈夫金诚立及婆家的不和、两个孩子的去世，以及争夺遗产等诸多不幸之事，但仍创作出了大量的作品。1608年（宣祖四十一年）其弟许筠在明朝出版了文集，从而许兰雪轩为世人所知。

神上也多少倾向于依靠师任堂。但是，在圣人君子般的夫人面前，李元秀不仅要时刻注意言行举止，还会时常被夫人训斥地抬不起头来。由此可见，在师任堂去世之后，李元秀就急忙将小妾权氏纳为正房夫人，其中缘由便不言而喻。

另一面，许兰雪轩的丈夫金诚立，倒是把出入妓院视为家常便饭，有一大半的时间都是在外面度过的。而对于在婆家备受冷落的许兰雪轩，金诚立却是视若无睹。

师任堂与许兰雪轩，同样都嫁给了能力不如自己的丈夫，在煎熬中度过了一生。在学识方面，两位女性的成就也是不分伯仲。只不过，师任堂是专注于绘画与教育7个孩子，试图借此消除现实带给自己的痛苦；而许兰雪轩则是通过创作诗句与文章，向丈夫及社会泄愤。

而且，既然师任堂的丈夫李元秀能够纳权氏为妾，那以他的人品和德行，又怎可能没有出入过妓院呢？师任堂不想提及自己的夫君，并不是因为没有什么可说的，而是因为她根本就不愿提及。向他人倾诉丈夫的不足与对丈夫的怨恨，是师任堂的自尊心所不允许的。并且，努力想要成为“君子”的人生目标，也让师任堂将这些难处都藏在了心里。这一点，应该就是师任堂不同于许兰雪轩的地方。师任堂的品行更加接近于修行者或君子，而许兰雪轩则是一位用自己的文章来表达感情的文人。

两位女性都天资卓越、性情出众，但却都没有嫁给一个好男人。

师任堂的丈夫李元秀，表面上看起来，对师任堂言听计从，但他自己想做的事情，一件也没有落下。让我们来看看师任堂与丈夫李元秀的一段对话：

师任堂：在我死后，你不可再娶。我们育有7个子女，已不再需要生养子女，更不能借此来违背《礼记》的训诫。

李元秀：孔子将夫人逐出家门，难道就合乎礼制了吗？

师任堂：孔子当年在鲁国时任司空，因遭受迫害，避难到了齐国，其夫人只是没有跟随他，而是独自去了宋国。因此，就当时而言，孔子只不过是没有与夫人同居，并没有记载称孔子将夫人逐出了家门。

李元秀：那么，曾子又为何要将夫人逐出家门呢？

师任堂：曾子的父亲喜吃蒸梨，其夫人却不会蒸梨，无法尽到供养父母的义务，所以曾子才会不得已将夫人赶走。虽然如此，曾子却十分尊重这次婚姻，日后也并没有再娶。

李元秀：朱子的家庭礼法中，难道就没有发生过这类事情吗？

师任堂：朱子47岁时，夫人刘氏去世，因长子塾还没有娶亲，无人照料家中事务，所以，朱子才又娶了一位夫人。[1]

1 引自郑来周《东溪漫录》。

对这段对话，有人解释为：师任堂态度坚决地要求丈夫“不许再婚”。但从内容上看，与其说是要求，不如说是遗言或请求。而且，师任堂所生活的16世纪，女权依旧强势，丈夫与妻子的地位也并没有太多差别。

1998年4月被发现的“元儿娘的来信”中，身为妻子的“元儿的娘”对1586年31岁时去世的丈夫李应台，仍旧称呼为“你”。“你”这个称呼在壬辰倭乱之前，是一种虽尊待对方却也是站在平等的地位上使用的称呼。

同时，与师任堂同处一个时期的文人柳希春的夫人宋德峰，收到丈夫的来信，并看到丈夫在信中说“在汉阳任弘文馆副提学这四个月里，没有近任何女色，快感激我吧”，之后她便写了一封让丈夫无话可说的回信。

> 君子修身养性，本就是圣贤的教诲，怎能说是为一介女子而为呢？如果心志坚定，不为物欲蒙蔽双眼，那便是心无杂念，又怎能期盼闺中女子的回报呢？[1]

另外，师任堂态度坚定地给予丈夫忠告的这则逸事，也被记录在了《见睫录》中。

丈夫李元秀有一位堂叔，是在燕山君七年（1501年）考中科举

1 引自柳希春《眉岩日记》。

的李芑（1476—1552）。他在文武方面均能力出众，但因贪图丈人的财产而未得到高官。之后，在仁宗时期（1545年）被任命为右议政后，与尹元衡谋划了“乙巳士祸”，令众多书生惨遭杀害。在他连番晋升，权势如日中天之时，越来越多的人前去拜望他，而李元秀也是其中一个。师任堂在得知这件事后，对丈夫说道：“只为一己私利而聚揽的财富并不会长久，如果德行有悖于人伦道理，那就不会有将来，而且一定会自取灭亡。”师任堂还恳求他不要再与叔父李芑有所往来。

而后，她还背诵了一首《诗经》中称颂君子之德的诗篇：

鸤鸠在桑，其子七兮。
淑人君子，其仪一兮。
其仪一兮，心如结兮。

鸤鸠在桑，其子在梅。
淑人君子，其带伊丝。
其带伊丝，其弁伊骐。

鸤鸠在桑，其子在棘。
淑人君子，其仪不忒。
其仪不忒，正是四国。

鸤鸠在桑，其子在榛。

淑人君子，正是国人。

正是国人，胡不万年？[1]

朱子对这篇《曹风·鳲鸠》的注解是："鳲鸠（布谷鸟）在喂食小鳲鸠时，早上以从上至下的顺序喂食，傍晚则以从下至上的顺序喂食，以示公平公正。"

师任堂背诵这首诗的用意很明确。"一屋不平，何以平天下？"师任堂将7个子女比喻为"7只小鳲鸠"，忠告李元秀，做人应遵守以君子为典范的人伦纲常。

李元秀本打算靠着堂叔的关系，也搞一个位高权重的官职，但最终还是听了妻子的劝告，断了与李芑的来往。

有些人认为，师任堂料事如神，是丈夫的贤内助。与其这么说，倒不如说是师任堂知道李芑为人自私自利，品行不端，日后定会为自己所犯的罪行付出代价，结果那没出息的丈夫，居然还妄图趋炎附势地搞个一官半职，师任堂这才苦头婆心地劝阻了丈夫。其实深入探究，她是更担心丈夫会连累自己的孩子们。

不过，就在李元秀被任命为从五品水运判官的明宗五年（1550年），李芑恰好时任领议政，这又该作何解释呢？说不定，李元秀背着师任堂，偷偷向李芑讨了官职。李芑则依靠自己的权势，帮助自己的侄子搞到个无关紧要的从五品官职。以李元秀的人品，他是

1 引自《诗经·曹风·鳲鸠》。

绝对能够做出这种事情的。

许多人都认为李元秀对夫人的话言听计从，凡事都要请教夫人，并极为尊重夫人的意见。但事实上，他是个倔强的、更忠于自己本能的人，以致他彻底无视师任堂那恳切的遗言。李元秀对人伦或道义并不在乎，只追求世俗的名誉和爱欲。

宣祖继位后，“乙巳士祸”终于沉冤得雪，李芑与尹元衡等人被判为“乙巳士祸”的罪魁祸首，因迫害士林而遭到了言官们的强烈谴责，甚至连他们的墓碑也被销毁了。

曾经跟随李芑与尹元衡的众多党羽均受到了影响，但此时李元秀已去世多年。人们通常会认为，李元秀之所以能免收牵连，都是因为听从了师任堂的劝阻，但事实并非如此。宣祖继位是在1568年，当年栗谷33岁，而李元秀早在栗谷26岁时就已经去世了。而且，在言官呈上弹劾上书的数月前，栗谷就已经要求因“乙巳士祸”[1]而获得功勋的官员们，澄清事实，纠正历史。而这件事，也

1 1517年（中宗十二年）尹之任之女被册立为第二继妃文定王后，并诞下庆源大君（明宗）。继而，文定王后的兄长尹元老、尹元衡便施计欲册立庆源大君为世子，从此，正式与世子的舅舅尹任（章敬王后的亲哥哥）成为了政敌。人们称尹任一派为大尹，称尹元衡兄弟一派为小尹。随后，中宗驾崩，仁宗继位，以尹任为首的大尹派就此得势。仁宗继位后，重用了中宗末期开始崭露头角的士林派。结果，仁宗仅在位8个月便驾崩了。之后，12岁的庆源大君继位，得到文定王后密旨的尹元衡，与李芑、郑顺朋等人谋划，持巩固明宗王位的密旨，发动了“乙巳士祸”。“乙巳士祸”是外戚尹元衡，连同权臣李芑，为打击尹任及士林派所谋划的一场政治报复。

被记录在当时的实录中。

> 奸凶乃敢贪天之功，斩伐士林，以录伪功，神人之愤久矣。今当圣上新政之初，当削勋正名，以定国是，不可缓也。[1]

师任堂的丈夫李元秀一辈子游手好闲，靠着妻子娘家吃喝玩乐，无聊的时候念念佛经，一方面精神上依赖着君子般贤惠的妻子，一方面生活中又养着与自己的大儿子一般年纪的侍妾。他从来没有考虑过，自己再婚会给孩子们带来怎样的痛苦，可见他是个只顾满足自己欲望的人。

从《东溪漫录》所记载的内容看，师任堂在文学方面造诣颇高，并预感到自己命不久矣，所以才会像留下遗嘱一样，嘱咐丈夫不要再婚。

那么，师任堂又是为何如此恳切地希望丈夫不要再婚，并举了那么多圣贤的例子呢？

丈夫李元秀有一妾权氏，与大儿子年龄相仿，师任堂预测，自己死后，丈夫定会和那权氏再婚。她之所以反对丈夫再婚，是担心权氏如果以后妻的身份入住李家，会对孩子们造成不好的影响或带来不必要的麻烦。因为丈夫与权氏的关系，师任堂痛苦了一生。师

1 引自《宣祖实录》，宣祖二年九月二十五日。

任堂对权氏的德行，也是有所了解的。

栗谷在《先妣行状》中提到师任堂“从不在婆婆面前训斥姬妾”，这里的“姬妾”，指的就是权氏。

在师任堂看来，丈夫身为男子汉大丈夫，不学无术，科举落榜，靠着祖先的阴德好不容易弄了个一官半职，居然还纳了个妾。这些已经很让她心寒了，结果丈夫纳的妾竟比自己小了整整20岁，这怎能不让师任堂烦心？

师任堂从小受性格刚正、德高望重的外祖父与父亲的影响，所以她感觉面对李元秀简直就是“对牛弹琴”，而李元秀的所作所为又是如此“不成大器，惹是生非”，嫁给这样的男人师任堂或许也曾埋怨过父亲。李元秀纳酒家老板娘权氏为妾，简直就是家门不幸，对于自尊心极强的师任堂来说，更是难以接受的奇耻大辱。大部分女性最愤怒、最委屈的事情，就是自己的男人有了别的女人，而这个女人在各方面却都不如自己。

师任堂长期忍受着病痛的折磨，而这病，十有八九应该是被李元秀给气的。师任堂的母亲在年近九十岁时才离开人世，由此可见，师任堂的体质应该并不虚弱。她在教育7个子女的时候，并不是以母亲的身份，而是以老师的身份教导他们，可见师任堂无时无刻不担心孩子们也会变得像父亲一样放荡形骸。

她钻研书法与绘画，应该也是为了借此回避无奈的现实，克服心中的痛苦，同时也可以将此看作是自我修炼的一种途径。总结为一句话就是，师任堂将艰难的现实与内心的苦楚升华为了书法与绘画，可谓是一种求道行为。

仅凭这一点，我们就有充分的理由去重新审视师任堂的真面目。她直面摆在自己面前的悲惨的现实，而没有被现实打败，最终活出了属于自己的人生。师任堂的这种意志与对生活的热情，正是当今的女性们应该学习和追求的。

在朝鲜时代，法律并没有规定，士大夫除正房夫人外，不准再行纳妾。但作为一名女性，对这种事一定是怒火中烧，妻妾间的矛盾最终演化为杀人事件的，也时有发生。尤其到了朝鲜时代后期，这种矛盾日渐加深，逐渐升华为了影响社会秩序的问题。

肃宗时期，金万重（1637—1692）曾以妻妾制度为素材，写过一篇古典小说《谢氏南征记》，这本书之所以会被广大女性传阅，也是有其历史背景的。

1551年，48岁的师任堂搬家到了汉阳的寿进坊（今天的清进洞）。同年5月，因病卧床不起，她将子女们唤到病榻前，留下一句“我恐怕是起不来了”，就忽然离世了。当时，大儿子璿28岁，三儿子栗谷16岁，而小儿子瑀年仅11岁。

孩子们的庶母权氏，并非心性恶毒之人

李元秀的妾，栗谷的庶母权氏，对师任堂来说就是拔不掉的一根刺、抹不去的一处伤。

连续三年科举落榜、天天混日子的丈夫李元秀，竟然拜倒在与自己大儿子一般年纪的女子的石榴裙下，师任堂内心的痛苦简直不言而喻。当然，站在丈夫李元秀的立场上说，师任堂是无可挑剔的配偶，也是值得他尊敬的夫人，但或许，他只是将师任堂当作了母老虎。相反，权氏年轻貌美，还善于饮酒作乐，自由奔放，且敢爱敢恨，李元秀在她面前，还能自吹自擂。如此舒心快活，李元秀怎会不拜倒在权氏的石榴裙下呢？李元秀根本就没有把儒教礼法放在眼里，当然也就不会有作为丈夫和父亲的责任感。

所谓“不肖子孙”，指的是不学无术、毫无修养的人。换句话说，就是从小失去父亲，被寡母一手带大，没能接受正规严格教育的人。李元秀6岁丧父，在寡母的呵护下长大，自然也就没有机会接受严格的家庭教育及礼法教育。而且，众多记载中都提到李元秀爱好饮酒，因此可以推断，李元秀与权氏应该算是臭味相投、物以

类聚了。

另一方面，对于一个女人来说，婚姻生活中的大不幸应该就是得不到丈夫的爱，而比这更不幸的，应该就是被不如自己或年纪比自己小的女人抢走丈夫。纵使师任堂人格高尚，有着君子般的度量，在这件事情上，她也仍旧是个女子。况且，师任堂从小就多愁善感，不难想象，她所承受的伤害、挫折与痛苦和心中的愤怒，定是将她折磨得生不如死。

“宁愿吃糠咽菜，不愿与妾同居”，生动地表达了丈夫纳妾时，正房夫人们痛苦的内心。师任堂清楚地知道，权氏在喝醉之后，会无所顾忌地到处撒酒疯，这也正是她所担心的地方。

果不其然，师任堂的担心是对的。她刚一去世，李元秀就忙不迭地将权氏领进了正房。可是，师任堂所育的子女们，与权氏的关系并不好，长子李璿更是每日都会与权氏争吵。身为家中长子，他要敬一个只会卖酒卖笑且与自己同岁的女人为自己的母亲，而这也正是权氏所期望的。由此两人之间会产生激烈的矛盾，也就理所当然了。

同时，一向尊敬、敬仰师任堂的家人们，对权氏也无比冷漠、蔑视，这对权氏来说，肯定也是难以承受的，而且，她还不得不在意自己的年龄问题。最终，权氏把心中的怒火全部发泄在了师任堂子女们的身上。

《明宗实录》中有记载，父亲的庶母并不喜欢栗谷。栗谷之所以会去金刚山出家，与权氏有矛盾是其中一个很大的原因。

与时刻都以君子之道要求自己的师任堂不同，权氏十分喜爱饮酒，清早如果不喝一杯就难以起床。而且，遇事稍有不顺心，就会将头埋进空缸里嚎啕大哭，甚至还试图用缰绳上吊自杀，闹得家里鸡犬不宁。

一向自由散漫的权氏，竟然要一夜之间变身成为士大夫家的夫人，这对师仁堂来说也是生不如死的。况且，师任堂的子女们又非常重视礼法，严于律己，对此，权氏肯定也是如鲠在喉的。

朝鲜时代后期，在礼学方面造诣颇深的学者朴世采（1631—1695），曾对栗谷与庶母权氏有过一段这样的记载：

> ……先生的庶母性格暴戾，稍有不顺心便会上吊自杀，众人上前劝阻才勉强将其救下。又，庶母与长兄的关系也并不和睦，先生虽试图以事理来劝说两人的关系，但最终没能如愿，还因此向父亲哭诉过。有一天，他锁上藏书的柜子，离家出走了。书柜中，还锁着他写给父兄及庶母的三封信。信中结尾处，有如下一段内容：
>
> “如果终是无法说服你们和解，那倒不如死了干脆，眼不见为净。”[1]

三儿子栗谷当时才年仅16岁，还没等从失去母亲的痛苦中走出来，就要忍受蛮横无理的庶母的欺侮，这对他来说是难以承受的。

1 引自朴世采《南溪集》。

对栗谷来说，师任堂既是生他养他的母亲，更是他所尊敬仰慕的老师。母亲的去世，对于他来说简直就是天塌了下来。结果还来了个年纪轻轻的庶母，将家里搞得鸡犬不宁，也难怪栗谷会离家出走了。

栗谷早在13岁时，就通过了进士初试，是个前途无量的秀才。在22岁时，就第一次状元及第，随后的每次科举，他都会考中状元，也因此有了“九度状元”的称号。就是这样一个书生，在为母亲守了三年墓之后的第二年，毅然决然地隐居到了金刚山上的寺庙中。而对于他离家隐居金刚山一事，栗谷并没有当面告诉父亲，只是留下了一封简单的书信。

以当时的风俗，只需守一年的墓，但栗谷却执意守了三年，他这样做，也是因为在家中就免不了有烦心之事。守墓三年，所有的

师任堂肖像画（左）及师任堂的三儿子栗谷肖像画（右）。对栗谷来说，师任堂既是母亲，也是老师，更是他的精神支柱。

仪式步骤，他都是按照《朱子家礼》进行的。他始终没有脱下丧服和麻带，没有把上供祭食、清洗祭器等事情交给奴婢，而是亲自去做了这些事情。

栗谷曾为自己的兄弟们亲自撰写了行状，但却没有留下关于父亲的只言片语。由此，我们也可以看出，他究竟承受了怎样的痛苦，对父亲又是怎样评价的。在聪明伶俐、明辨是非的少年眼中，父亲的行为是多么令人心寒啊！当时的栗谷，究竟有多痛苦，我们可以通过下文感受一二。

> ……李珥为户曹佐郎。李珥为人聪敏、博学强记，善缀文辞，早著声名。一年拔擢司马，文科两状元，时人荣之。但少时，为父妾所困而出归，流寓山寺，久而后返。或云："削发为僧。"其自咏云："前身定是金时习[1]，今世仍为贾浪仙[2]。"[3]

在同一年中，先后成为两个不同考试的状元，如此天才少年竟然在风华正茂之时，将自己比喻成落魄的诗人，并寄身于山间寺庙

1 金时习（1435—1493），朝鲜时代初期的文人、学者，号梅月堂。对首阳大君逼宫端宗并夺得王位之事心怀不满，退出朝廷，隐居山中，并最终出家为僧。

2 贾浪仙（779—843），中国唐代诗人。因家境贫寒，早早便出家做了和尚。

3 引自《明宗实录》，明宗十九年八月三十日。

之中。

栗谷在文章中引用的金时习与贾浪仙，与他相同，都是僧侣出身的诗人，由此也能推断出，栗谷当时究竟是怎样的一种心境。

栗谷在19岁时，来到金刚山摩诃衍，剃度出家，潜心修佛，法号义庵。在当时的状况下，栗谷对人生的生与死充满了疑惑，因此才会来到金刚山出家为僧。

> 珥，自少时已有文名。早丧母，执丧有诚。父妾不慈，且其父元秀尝耽佛经。珥年十六七，有僧诱以荐福亡灵之说，珥不告家人，即拂衣入金刚山，数年乃知其诞而反。
>
> 正因如此，即使在他死后，也依然被东人和南人攻击，说他是“曾经落发为僧后又还俗之人”。特别是许穆，更是曾批评李栗谷为“披着儒学者外衣的佛教僧侣”，尹鑴也有同样的言论。[1]

通过实录中记载的这段话，我们可以看出，师任堂的丈夫李元秀喜爱研读佛经，而这也是栗谷会出家为僧的缘由。

从他写给姨夫洪浩的书信中，我们也可以看出栗谷出家的动机。他向姨夫坦陈了自己失去母亲后惨淡的心境，并后悔因感到彷

1 引自《明宗实录》，明宗二十一年三月二十四日。

徨而放弃了儒学。

> 我深刻地体会着失去母亲的痛苦，心中仿佛失去了方向，疯了一样跑向山中，跌倒，翻滚，并最终失去了自我。我已一年不曾孔鲤（孔子的儿子）过庭，黄香（汉朝孝子）善枕。忽有一天，我终于明白了自己犯下的错误，回想过往，心中满是后悔与悲伤，过了好几天才终于平复了心情……不过，圣人与凡人的区别，也就是这份气吧！我之所以会陷入如此疯狂的心境，也只因我的气不足，并不代表我的心性是坏的。[1]

《明宗实录》，明宗十九年（1564年）八月三十日，“但少时，为父妾所困而出归”；《明宗实录》，明宗二十一年三月二十四日“父妾不慈”；尤庵宋时烈的“先生的庶母比普通人更加蛮横，但先生却凭着对长辈的尊敬与孝心，终于感化了庶母”；朴世采的“先生的庶母性格暴戾，稍有不顺心便会上吊自杀，众人上前劝阻才勉强将其救下”。

综合这四条记载，可以总结出，权氏是个蛮横之人。蛮横即是指性格、行为等不遵常理，有悖道德。

其中，我们应该重点研究一下宋时烈。宋时烈属于由栗谷开创

1 引自《栗谷全书》卷13《别洪表叔》序。

的畿湖学派[1]，是第一个将师任堂刻画为养育出伟大圣人的母亲这一形象的人物。所以，为了更加突出栗谷的孝心，他笔下的权氏，很可能比历史上的真实人物更加蛮横无理。

在韩国儒学家中，宋时烈是唯一一个获得“子”称号的人物，这代表着他是继承了儒学正统的圣人。1787年，随着正祖编纂《宋子大全》，宋时烈的“宋子”称号正式被朝廷承认。《朝鲜王朝实录》中，共提及宋时烈3000多次，是在书中被提及最多的一位人物。作为朱子学的大家，他统一了政治思想界，并提出了支配原理，被后人称为朝鲜时代最具影响力的代表人物。也正是因为宋时烈，师任堂才从“才华出众的画家申氏”，被包装成了“大圣贤栗谷之母”。对此，我们会在第五章详细说明。

并且，《明宗实录》也是由栗谷的好友宋翼弼[2]所执笔。虽然很难完全相信其中所记内容，但其中记录之事，也并非子虚乌有。

1 朝鲜时代儒学派之一。该派以李珥的学说为学术典范，并带有主气倾向，也被称为主气派。朱子理学的宗主退溪李滉，以位于礼安的陶山书院为根据地，培养了一大批后人，跟随他的学者主要分布在岭南地区，因此被称为“岭南学派”。而主气论学者则大部分居住在畿湖地区（京畿、黄海、忠清一带），因此被称为“畿湖学派”。

2 宋翼弼（1534~1599），是朝鲜中期一位庶孽出身的儒学家和政治人物。他与李栗谷、成浑交往深厚，并主办武夷诗坛，是当时著名的八大文人之一。李栗谷也曾说过，只有宋翼弼兄弟两人才配谈论性理学。

宋时烈。朱子学大家，但他并不认为应该将师任堂作为女性知识分子加以尊重，而是将其评价为自己所崇拜的圣贤“李栗谷的母亲”，对日后师任堂的形象定位在“母亲”，起到了至关重要的作用。

师任堂恳请自己的丈夫李元秀，在其死后不要再婚，而且栗谷在通过进士初试，正应该发奋于学业之时，却选择在金刚山出家为僧，由此可以判断，说权氏蛮横的记录，也还是有所根据的。

但，我并不认为，权氏是个心性恶毒的女人。据传，栗谷用真诚感化了权氏，以至于在栗谷去世后，权氏为其操办了三年的祭祀。虽说人能够改过自新，但这也需要本性是善良的。

上文说道，栗谷自己也曾记载过，权氏不学无术，生活一向自由散漫，却要在一夜之间成为士大夫家的正房夫人，她也是无法承受这一重担才会变得蛮横无理。前任夫人的子女去世后，庶母竟会为其操办三年的祭祀，说明权氏的本性并非骄纵蛮横。

栗谷也曾为庶母在家中的位次及待遇问题而苦恼过。栗谷最为头疼的是，家中祭祀时，究竟该让庶母站在哪个位置。栗谷的挚友宋翼弼曾提议说“按照礼制，严格执行”，并忠告栗谷“在祭祀时，（庶母）也要站在其他女眷后面”。

栗谷却反问道：“于礼，在祭祀时，庶母确实应该站在家中女眷，即夫人卢氏及其他正室女眷身后，但于情却怎能做出这种安排呢？”

栗谷还说，如果是父亲在丧妻之后，收养养女以负责家中事务，那便是婢妾，但此女子既然已与父亲同床共枕，那便不能不尊敬她。而且，栗谷的庶母性格怪异，稍有不顺心，便会关上房门整日窝在房中。因此，栗谷也不得不小心对待。

栗谷在写给宋翼弼的书信中，有这么一段话：

> 只因为商议位次的问题，庶母委身于房中，不敢踏出房门。亲戚们却不以为然，兴奋地准备着聚会。庶母无法参与其中，整日以泪洗脸，就如同被收监的牢犯，于情于理，这都是不妥当的。

栗谷不仅考虑到了道义，甚至还顾及着人之常情。所以，他才会问，即便庶母名分上不能在正房坐北朝南，接受子女们的跪拜，但在厢房中与儿媳女眷们相互见礼，总还是可以接受的吧。这封信中也提到，当时家中还有人嘲笑庶母是婢妾（从奴婢升为妾的女子），甚至将庶母所生之女也当成是婢妾。不难看出，心中怀有儒教思想与人之常情的栗谷，对此也是相当苦恼的。

但是，栗谷对庶母的态度，比在写给宋翼弼的信中所表达的更加缓和。家中大小事宜，他全部都会首先过问庶母；晚上会为其铺好床；从未间断过晨间请安。栗谷的庶母，在成为寡妇之后，尤其喜欢在清晨喝杯酒，以此来慰藉自己孤独的心灵。栗谷每天晨间请安时，在离开之前都会亲自为庶母斟上两杯酒。

从栗谷与庶母的一则逸事中，我们多少可以看出庶母的品行。

> 有一次，先生在接待客人时，不知是谁送来了一盘柿子。栗谷请客人拿了一颗，而为了请客人收下，自己便也拿了一颗，随后命人将剩下的柿子全部送到了庶母房间。庶母在得知少了两颗柿子后，十分生气，质问道："如果你当真那么想吃，为什么还要给我送来？"栗谷见状，便拿起那两颗柿子，来到庶母房间，解释道："客人面露饥饿之色，我便先劝他拿了一颗，是我做得不妥。"听了栗谷的解释，庶母这才消了气。[1]

还有另一则关于栗谷庶母的逸事，是栗谷的挚友牛溪成浑（1535—1598）去拜访栗谷家时发生的事情。

> 栗谷对庶母甚是恭敬，牛溪也不得不对栗谷的庶母恭

1 引自《栗谷全书》卷38・附录。

敬。因此，他也随着栗谷，向庶母行了大礼，但庶母却以半礼回之。牛溪见状，表情变得严肃起来。两人刚进到书房坐下，牛溪便唠叨起来。

“她可真是位不懂礼数的人啊！半礼算怎么回事？”

“何出此言？”

“你当真不知？兄长被庶母如此欺压，竟还能如此恭敬相待，真是不简单啊！”

“若不然呢？她年事已高，我又能如何呢？更甚者，最近她还犯了中风，甚是可怜。虽然她是我的庶母，但毕竟是父亲的配偶，我自当恭敬以待。我认为，法制与礼仪，也应该随着时代的变迁，适时改变。这不正是真正的礼吗？”

“此言差矣。这世上，也有如北斗七星般，丝毫不可撼动的法度。如果只是一味地追求变通，那最终定会陷入世俗当中，从而迷失正途。”[1]

栗谷的挚友牛溪很清楚地知道，因为庶母的问题，栗谷的内心究竟经受着怎样的煎熬。即便如此，他在看到上了年纪的庶母不守礼法的时候，也会忍不住生气，觉得根本没必要恭敬地对待这种人。他认为，栗谷的这种情先于礼的态度，很是不妥。

1 引自《三贤手简》。

《三贤手简》。将栗谷与宋翼弼、牛溪之间来往的书信汇总在一起，共4帖。他们用自身的行动，诠释了何为“朋友有信”。

记载着这则逸事的《三贤手简》，主要是由宋翼弼、牛溪、栗谷之间来往的四帖书信所组成的。三人同样都住在坡州附近，可谓是亲如兄弟的挚友。

明宗十八年十一月十一日，兵曹佐郎权德与晋升为司谏院正言，并举荐李栗谷担任兵曹佐郎一职。

明宗十九年八月二十四日记载道：“将参加文武科殿试的生员李珥等33人，内禁卫韩继男等28人，提拔为朝廷命官。”

1579年，宣祖时期，权德与时任大司谏，白仁杰的上书由栗谷所写之事败露之后，权德与不惜一切代价袒护栗谷，并最终因此丢了官位。

权德与的亲戚是朝鲜的开国功臣权近（1352—1409）的子孙，主要居住在益山、井邑、坡州、扬州等地。据传，曾经生活在京畿道坡州的李栗谷的庶母权氏，正是权德与的亲戚。但是，中宗时期的领议政权愽（1475—1547）是权德与的父亲，而他还是燕山君时期后宫淑仪权氏的侄子。并且，明宗时期的领议政，是权栗的父亲权辙（1503—1578）。

同时，栗谷的弟弟李瑀的三个女婿（权尚正、权缙、权泰一）都属于安东权氏，权缙更是官至兵曹判书，同时也是以幸州大捷扬名的权栗将军的侄子。权泰一也曾官拜刑曹参判。

栗谷的四姨夫权和，本就是江陵人，因李家无子，便做了入赘女婿，侍奉丈母并掌管着家中的大小事宜。而他的儿子，正是权处均，与栗谷是表兄弟，受师任堂的母亲李氏夫人的嘱托，负责照料祖上的墓地，并因此继承了乌竹轩。他们也均为安东权氏，而且，还有一则传闻说，庶母权氏是权处均的近亲。

栗谷的家族，世世代代与安东权氏结有姻亲关系，确也是不争的事实。而这一背景，对栗谷日后参与朝政，施展自己的抱负，亦或受到政敌的攻击，都有一定的影响。

那么，对于栗谷的庶母，曾经是酒家老板娘这件事，我们就应该重新考究一下了。

朝鲜时代留下的文献中，并没有提到过栗谷的庶母是酒家老板娘。而且，只有在有过一次婚姻的女人再婚的情况下，前妻的子女们才会称其为庶母，可见，李元秀并不是权氏的第一任丈夫。严格说来，是一个再婚的女子成为了父亲的妾，后来又成为了后母。而若是未婚女子成为父亲的第二任妻子，那前妻的子女们会称其为继母。

同时，民间还流传下来不少有关师任堂的丈夫李元秀与酒家老板娘的逸事，我们是否可以怀疑，人们只是把酒家老板娘的逸事，与庶母的蛮横拼凑在了一起呢?

栗谷先生的父亲李元秀，与师任堂成婚之后，为了考取功名，经常往来于江陵与汉阳之间。不过总是这样往来甚是麻烦，师任堂索性就在位于江陵与汉阳之间的平昌郡蓬坪面白玉浦里定居下来，与丈夫一同生活并照顾着他的生活起居。据传，就是在那个时候，师任堂怀上了三儿子栗谷。这里，还有一则逸事。

住在仁川的栗谷先生的父亲，趁着假期，打算回乡一趟。在到达平昌郡大和面半亭时，天色已晚，他身心也颇为疲惫，便决定休息一晚再继续赶路，于是入住到了一家路边的客栈。

那天晚上，独自一人经营客栈的老板娘，突然做了个怀中抱龙的梦。老板娘心想，这一定是胎梦，而且这一胎绝对非凡无比。但她毕竟孤身一人，那晚有可能的人选也只有入住客栈的李元秀。在老板娘看来，李元秀也并非普通百姓，便不顾廉耻，来到了李元秀的房间。

“客人，请您不要追问缘由，与我共度今夜吧。”老板娘就这样恳求着李元秀。但，李元秀却拒绝了她，老板娘终是没能得偿所愿。

第二天一早，老板娘送走李元秀时，虽心中满是遗憾，但看着李元秀满脸的祥瑞之气，便也明白了这段姻缘终是与她无缘。

几乎同时，住在江陵乌竹轩姐姐家的师任堂，也做了个奇异的梦。师任堂正走在东海边，这时，一位仙女翩然而至，将怀中那洁白如玉的玉童子递给了师任堂。师任堂不顾姐姐的挽留，当天便赶了近140里的路，回到了蓬坪家中。与丈夫久别重逢的那一晚，师任堂便怀上了栗谷。

之后，在江陵乌竹轩分娩前，师任堂又做了个梦，梦见天空中飞来一条龙，竟盘旋在师任堂家的屋顶处。就在师任堂做完这个梦的12月26日凌晨，栗谷出生了。

一颗孤独的心牵挂着远方的母亲

师任堂从小就受到父亲申命和与母亲李氏夫人的影响，凡事以孝为先。在师任堂成婚后不过数月，父亲就离开了人世。而师任堂为了替父亲守孝三年，婚后坚持住在了娘家。

婚后，师任堂来往于汉阳、坡州、蓬坪等地料理各家的事务，最后，因为年迈的婆婆洪氏夫人无法再继续料理家务，这才将娘家母亲独自留在家中，越过大关岭，来到了汉阳。当时，她38岁，诗句《泣别慈母》便是作于此时。

慈亲鹤发在临瀛，
身向长安独去情。
回首北村时一望，
白云飞下暮山青。

这时，师任堂的娘家母亲已62岁。2013年，据茶山研究所发表的文章，朝鲜时代的平均寿命约为35岁，在当时来讲，师任堂的母亲已经算是相当高寿了。移居到汉阳，侍奉婆婆洪氏，师任堂就无法经常回家探望母亲，娘家母亲又不知何时便会驾鹤西去。师任堂通过这首诗，淋漓尽致地表达了当时这种无可奈何的心境。

一到夜深人静时，便会悄悄地落泪。有时更是一边落泪，一边为母亲织衣，就这样熬夜到天明。有一天，一个名叫沈公的人，来师任堂家做客。就在他的婢女演奏玄琴时，师任堂竟也不禁落下泪来，她说："玄琴的声音，竟能如此触动人们的思念之情啊！"一旁的人们也不由得凄然起来。[1]

师任堂的另一首诗《思亲》，则表达了即便是在梦中，也希望能够回到家乡与母亲相见的思念之情。

1 引自李珥《先妣行状》。

千里家山万叠峰，
归心常在梦魂中。
寒松亭畔孤轮月，
镜浦台前一阵风。
沙上白鹭恒聚散，
波头鱼艇各西东。
何时重踏临瀛路，
更着斑衣膝下缝。

这里所写的“更着斑衣膝下缝”，是指中国古代楚国时，有一位名叫老莱子的人，年逾七十却依旧身着彩衣，以此来取悦自己的父母。师任堂也希望自己能够像老莱子一样，令年迈的母亲能够幸福快乐。

师任堂的这两首诗，都表达了对母亲的孝心。她本就是个多情的人，那颗思念记挂母亲的心，肯定也是非比寻常的。那么，在思念母亲的这份孝心中，会不会还夹杂了其他的感情呢？

师任堂19岁成家，越过大关岭并作诗是在38岁时。在将近20年的婚姻生活中，她尽心培育着7个孩子，代替丈夫支撑着这个并不富裕的家，并全心全意侍奉着婆婆，而身为丈夫的李元秀，却与年轻貌美的女子寻欢作乐。当然，住在娘家的时候，她也会抽时间练习书法与绘画，但与少女时代的自由安逸却是无法相提并论的。对师任堂来说，母亲是亲人，也是故乡，更是她儿时的美好回忆。

对师任堂来说，与一直鼓励自己，并给予自己勇气的外祖父、外祖母、母亲生活在一起的时光，是最幸福的时光。反观眼前，现实又是怎样的呢？师任堂肩负着将7个孩子养育成人的责任，还要苦苦支撑着拮据的生活，丈夫却纳了一个与自己的大儿子一般年纪的妾。师任堂无所依靠，心中的孤单与痛苦，与寡妇又有何异？

站在一个女性的立场上来讲，没有比丈夫风流纳妾更让人心痛的事情了。要不然，又怎么会有“妻妾之争，神佛无策”这样的俗语呢？

丈夫有了外遇，让身为妻子的师任堂备受打击，而她心中的怨恨与愤怒已足以伤及脏器。所以，师任堂才会经常患上不知名的怪病，一想到母亲，也总是忍不住落下泪来。师任堂之所以会落泪，不仅仅是因为思念母亲，更是因为自己内心的痛苦与孤独。

也因此，大关岭成为了一个聪明伶俐、多才多艺、生活自由自在的少女，转变为需要承担起家庭重任的母亲、儿媳的分水岭。

寄情于诗表达离别和悔恨之情

师任堂流传下来的作品中，有一套六面屏风，上面以草书写有中国唐代诗人的五言绝句。内容分别是李白、戴幼公、刘长卿、皇甫冉等著名唐代诗人所作的诗句。不过，这些诗句，都不约而同地流露着相同的情感。从众多的诗句中，她唯独选中了这几首诗，足以说明这些诗能够充分表达她当时的心境。

那么，师任堂究竟是以怎样的心境，挑选了这六首诗的呢？

第一面屏风上，写的是唐代诗人戴幼公的《赠李唐山人》。

此意无所欲，
闭门风景迟。
柳条将白发，
相对共垂丝。

这首诗是戴幼公赠与好友的诗，诗中将春天的柳条比喻成白发，让人不由得感叹人生无常。

第二面屏风上，写的是唐代诗人司空曙的《金陵怀古》。金陵（今天的南京）是吴国的都城，也是中国七大古都之一，李白等众多诗人都曾在此地创作诗句。

辇路江枫暗，
寒潮野草春。
伤心庾开府，
老作北朝臣。

第二句的寒潮，原文其实是宫廷。这应该是师任堂有意改写的。那么，这究竟是为何呢？宫廷象征的是一个国家的权力或荣华，但世事无常，权力与荣华又与寒潮有何区别呢？就像潮起就会潮落一样，春天一来，无论世间如何，野草复苏都是万物的法则。

庾开府指的是中国北朝时期北周文人庾信，因当时他任职开府，所以人们称他为庾开府。梁国灭亡之后，他便留在北朝做官，但却一直怀念着自己的故乡。师任堂借着司空曙的诗句，表达了自己同庾开府一样，背井离乡却无法重回故土的凄凉处境。“辇路江枫暗”，这句隐喻着一个王朝的兴亡，同样也体现了师任堂心中一直怀念着故乡与儿时那自由幸福的时光。

第三面屏风上，写的是唐代诗人刘文房的《送张十八归桐庐》。内容写的是作者送别张家第十八子时的情景，诗中所描写的场面，犹如一幅水墨画。这首诗体现了作者虽不舍离别，但也希望友人能够平安归家的心情。从江陵到汉阳，再到坡州、蓬坪，对师任堂来说，每一次的离别都是一道伤疤，因此，她对这首诗的感悟，应该会更加与众不同吧。

归人乘野艇，
带月过江村。
正落寒潮水，
相随夜到门。

第四面屏风上，写的是唐代诗人戴幼公的《戏留顾十一明府》。

江明雨初歇，

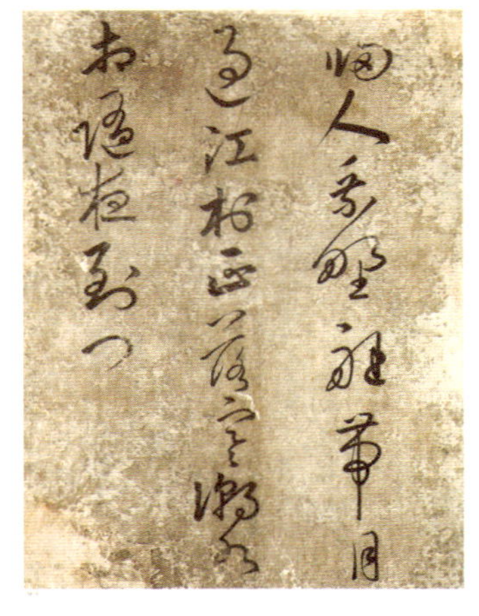

据传，此为师任堂的亲笔草书。

山暗云犹湿。

未可动归桡，

前溪风正急。

原文的最后一句是“前程风浪急”，解释为“前面路程的风浪湍急”。就像师任堂在第二面屏风中，将宫廷改为寒潮一样，在这里，则将“前程风浪急”换成了“前溪风正急”。

仔细想想，师任堂所养育的子女各个出众，其中更是出了个大学者李栗谷，她以学识与在艺术方面的造诣，流芳百世，但她生前貌似并不幸福。说不定，她在读这首诗时，将自己的处境也带入到了诗中。所以，比起风浪，用“风”就显得稍微缓和一些，并把自己需要跨越的障碍比作了溪水，而不是前程路。“动归桡”是师任堂想要回到的地方——故乡。与婆婆一同在汉阳生活也好，与丈夫李元秀在坡州生活也罢，她更愿意描绘的，应该是生活在蓬坪或娘家江陵时的那段时光。

第五面屏风上，写的是唐代诗人李白的《别东林寺僧》。第四句中的虎溪是源自于“虎溪三笑”的典故，说的是儒佛道虽分属不同，教义不同，但其中的根本真理其实都是相通的。

师任堂所作的画中出现了僧人，据此我们可以推断，她对佛教也甚是感兴趣，这应该与其丈夫喜爱阅读佛教经典有着密切的关系。家中也一定会有多本关于佛教的书籍，而喜爱阅读的师任堂，不可能从来没有翻阅过这些书。

说不定，师任堂在用毛笔写下这首诗的时候，心中也希望能够遇一知己，与她共同探讨何为“虎溪三笑”[1]中所讲的人生。

“故乡”与“离别”，对师任堂来说，有着太多层的含义。

对师任堂来说，故乡是个能让她尽情施展文学才华和绘画天赋的地方，也是与一直激励自己、鼓舞自己的外祖父、外祖母、母亲共同生活，留下美好回忆的地方。但是，婚姻对师任堂来说，代表了离开故乡，与血亲分别。在陌生的环境，与陌生人共同生活，没有一个能够倾诉苦衷的人，而且还要一个人承担养育7个孩子的重任。每当遇到困难的事情，都要自己默默地承担，不仅如此，还要

1 “虎溪三笑”是中国古代国画中常用的主题，在《庐山记》中也有所记载。东晋时期的学僧慧远法师居住在东林寺时，送客从不过虎溪。不过有一日，陶渊明与陆修静来访，大家聊得甚是投机，相送时慧远法师竟不知不觉越过了虎溪。直到虎辄号鸣，三人才面面相觑，后大笑而别。许多画家都曾以此典故为画题，创作过绘画作品。

收拾不懂事的丈夫惹下的一堆烂摊子。就这样，生活带给师任堂的是无尽的痛苦与折磨。

师任堂之所以拿起笔，写字作画，不仅因为诗与书法、绘画均是君子修行的基本，更重要的是，她希望能够通过创作来纾解自己心中的郁结之气。在这里也是一样，师任堂将原文第四句中的“烦”字，换成了“须”字。师任堂应该是不想使用烦心的“烦”字吧。而且，师任堂也清楚地知道，即便改了这个字，也不会影响全文的脉络。由此，我们也能看出，师任堂在文学方面有着极深的功底。

东林送客处，
月出白猿啼。
笑别庐山远，
何须过虎溪。

第六面屏风上，写的是唐代诗人皇甫冉的《送王翁信还剡中旧居》。这首诗，更像是在表达师任堂的现状。虽然生活苦闷煎熬，但世界却依旧遵循着自己的法则，春来草长。如果家中富裕，作者也希望能够更好地招待朋友。这对于在经济上并不宽裕的师任堂来说，足以产生强烈的共鸣。

海岸耕残雪，
溪沙钓夕阳。

客中何所有，

春草渐看长。

师任堂育有7个子女，身为母亲，她怎可能不倾尽自己的所有来教育子女呢？她不仅是以母亲的本能来养育子女，更是以一个教育者的姿态，用明确的教育理念与教育哲学，培养了她的子女们。与普通的士大夫家的女眷不同，她也教诲女儿们研读经典，学习作诗、绘画；而对于儿子们，则教育他们不要将学问作为参加科举考试的手段，而是要通过学问来提高自身的人格修养。从这一点上，我们也能够看出，师任堂在教育子女时，究竟秉承着何种教育理念和教育哲学。

师任堂的教育论，通过栗谷完整地流传了下来。而栗谷所著的《击蒙要诀》，也成为了朝鲜时代学童们的必修书籍。

| 第三章 |

不只是母亲，
更是孩子们难得的人生导师

师任堂观察着儿子的脸色。当然，不会是什么好脸色了。

科举落榜，都不知道这是第几次了。

“璿儿。”

“母亲，小儿实在是无颜见您。”

璿无精打采地回答。

身为男子汉大丈夫，

怎能没有指点江山、扬名立万的抱负呢？

他又怎能不羡慕过目成诵的三弟栗谷呢？

可是，这世道并没有那么轻易地向他敞开为官之路。

“璿儿。”

无论何时，母亲的声音都是那么慈祥。

“万事都在于你的想法。不要灰心，静下心来做自己的学问。”

“可是，母亲，小儿决定不再贪恋官职了，我没有信心。”

“你刚才说的是官职吗？”

母亲温和的声音里有了微妙的变化，璿心里不由得颤了一下。

“你做学问难道只是为了那一官半职吗？

我对你的希望，难道不是让你能够立志成人吗？”

育有四男三女，是孩子们眼中的慈母

师任堂在一生中共养育了四男三女。长子璿（1524—1570），在41岁时考中进士，47岁出任汉阳府南部的参奉，同年8月去世。长女梅窓（1529—1593）继承了师任堂的品性与才能，善于作诗、绘画，她的作品更是流传至今，她以出色的德行和学识，被世人称为“小师任堂”。

梅窓嫁给汉阳的赵大男，竭尽全力帮助丈夫走上仕途。赵大男凭借贤内助的支持，官至忠清道观察使。次男璠没有做过官，次女嫁给尹燮为妻，三子便是栗谷，三女儿则嫁给了洪天佑。

四子，即最小的孩子，就是玉山李瑀（1542—1609）。李瑀考中进士，官至郡守。他继承了母亲的艺术才能，擅长诗歌、书法、

李瑀的《菊花图》（左）与《墨兰》（右）

绘画、玄琴，被称为“四绝”。他的书法被朝鲜时代的草书第一人黄耆老[1]评价道：“其字俊美逊于我，但雄健胜过我。”黄耆老既是玉山的丈人，也是他的老师。

栗谷与弟弟李瑀一起，每天都沉浸在读书和弹伽倻琴中。李瑀的学问修养也是极高的，栗谷甚至曾说道：“如果我弟弟做了学问，那我一定不及他。”李瑀任槐山郡守时，爆发了壬辰倭乱。他立即召集壮丁，英勇对抗入侵的外敌，最终击退敌人立下了大战功。他还让百姓耕种农作物避免了饥荒，朝廷为此还颁布了旨令以

1 黄耆老是朝鲜时代中期的名笔，在朝鲜时代的书法界中，与金絿、杨士彦并称为草书第一人。他笔法出众，尤其擅长草书，因此也被称为“草圣”。

示嘉奖。

栗谷与他的兄弟姐妹们，应该是诚实地遵照母亲的教导来生活的。古往今来，为官之人如果只靠俸禄，是很难享受富裕的生活的。在朝鲜时代，有善于理财的官吏，也有不少利用职位揽财的官吏。但是在当时，官吏理财是不为人们所认可的事情。可是，现如今的社会，公职者善于理财被认为是有能力的象征，长此以往，他们又怎么可能体察得到民众贫瘠艰难的生活呢？

师任堂幼年时生活在富裕的家庭环境中，但在结婚后，她却忙于维持贫穷的生计。其中最主要的原因应该是李元秀科举落榜后，并没有承担起身为丈夫和父亲的责任。

但是，丈夫为了谋得一官半职与堂叔交往过密时，师任堂却坚决予以反对，因为她觉得无论如何，都不能与不义之人携手合作。师任堂的这种信念，也完全传给了栗谷。

> 第十二，要守信义，学习之人，应当分得清“信义”与“利益”。义，不是为了某种目的而为之，哪怕只有那么一点的目的性，便与盗贼没有本质的区别，怎能不令人警戒？行善以出名者，心中便充满了利益得失，君子认为，这种行为比挖墙偷盗有过之而无不及。行不善而谋取利益者，便更没有必要提及了。[1]

1 引自李珥《学校模范·守义》。

胎教是人性教育的第一步

在朝鲜，传统的子女教育是从胎教开始的。师任堂同样也非常强调胎教的重要性，而且自己也是个真正的实践者。师任堂的胎教指南，正是文王母亲太任的胎教法。太任是师任堂的榜样，因此，她在胎教的过程中，一切都按照太任的做法，没有一丝一毫地偏差。

《诗经》中记载着有关太任胎教的故事。用一句话概括就是，在怀孕期间，一举一动均慎重而为，便是对胎儿的教育。

> 大任（太任）者，文王之母，挚任氏中女也。王季娶为妃。大任之性，端一诚庄，惟德之行。及其有娠，目不视恶色，耳不听淫声，口不出敖言，能以胎教……古者妇人妊子，寝不侧，坐不边，立不跸，不食邪味，割不正不食，席不正不坐，目不视于邪色，耳不听于淫声。夜则令瞽诵诗，道正事。
>
> 溲于豕牢，而生文王。文王生而明圣，大任教之，以一而识百，卒为周宗。君子谓大任为能胎教。[1]

1 引自《列女传·母仪传·周室三母》。

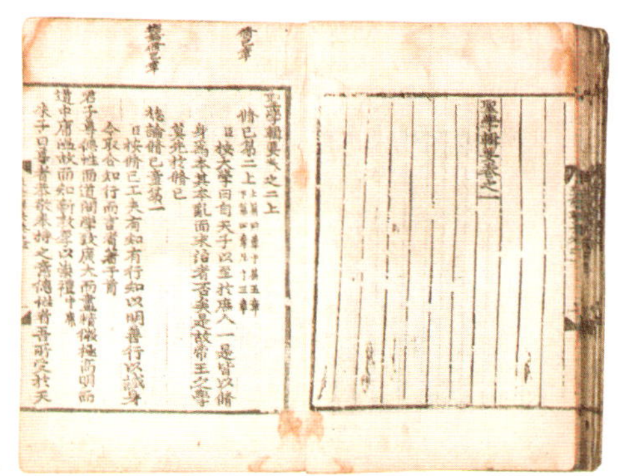

聖學輯要卷之二上

修己第二上

曰按大學曰自天子以至於庶人一是皆以脩身爲本其本亂而末治者否矣是故帝王之學莫先於脩己

總論脩己章第一

曰按脩己工夫有知有行知以明善行以誠身今取合知行而言者著于首

君子尊德性而道問學致廣大而盡精微極高明而道中庸溫故而知新敦厚以崇禮

朱子曰尊者恭敬奉持之意德性者吾所受於天

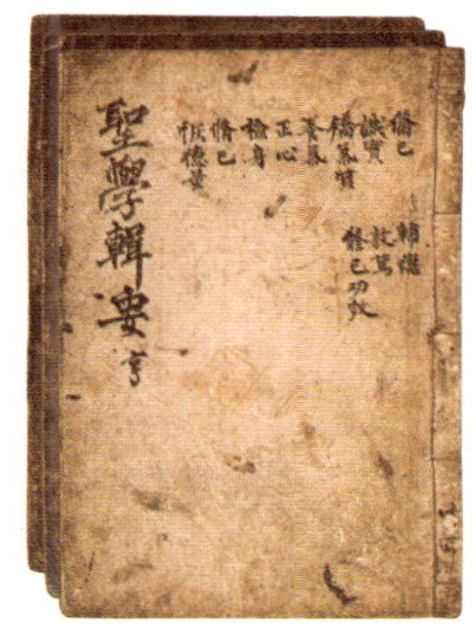

《圣学辑要》是栗谷李珥在宣祖八年（1575年），将大王所应知晓的性理学教诲及众多学说，即性理学的核心内容，编纂成的简单易读的书籍。他还主张，大王修养人格，重用良臣，并委任于臣子国政，方能实现王道政治。

师任堂说，人性教育需在胎儿时期进行，出生后再进行教育为时已晚。她还说，孕妇不能将食物盛在破碎的器皿中食用，要坐在正座，要时刻保持端庄，要时刻做善事，才能生育优秀的子女。

受师任堂影响的栗谷，将母亲的谆谆教诲与古代经典中有关胎教的内容整理引用，并记述如下：

> 古者妇人妊子，寝不侧，坐不边，立不跸，不食邪味，割不正不食，席不正不坐，目不视于邪色，耳不听于淫声。夜则令瞽诵诗，道正事。如此则生子形容端正，才德过人矣。[1]

1 引自李珥《圣学辑要·教子章》。

《戒女书》。朝鲜时代后期学者宋时烈为训诫出嫁长女所著书籍。他主张，应将烈妇、孝妇作为女性教育的目标，并强调恪守妇道的重要性。

继承了栗谷思想的宋时烈，在写给出嫁的女儿的书信中，也有关于胎教的内容。

> 妊子时，不要吃杂乱的食物，不卧于不正之席，时刻保持端正的身姿，生子便自然端正。都说子随母偏多，母怀胎十月，子又怎能不随呢？[1]

有关胎教的传统，在师朱堂李氏的胎教集大成之作《胎教新记》中，也曾提到“怀胎十月，比出生十年的教育都重要”，并以

1 引自宋时烈《戒女书》。

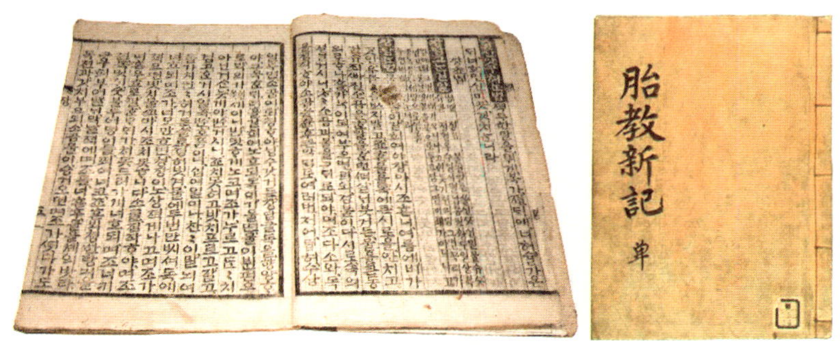

《闺阁丛书》（左）是1809年，凭虚阁李氏为妇女们总结的有关衣食住及家庭生活的指南。是以女性为对象所著的文献中，最具实用性的书籍，相当于今天的家庭百科全书。师朱堂李氏的《胎教新记》（右）作为最早的胎教丛书，将理论与实践相结合。作为一本讲述胎教重要性的丛书，我们还能从中了解到朝鲜时代后期的生活面貌。

此强调胎教的重要性。

《胎教新记》用胎教的道理指出了子女的气质、病变均来源于父母，并指出古人因对胎教十分重视，所以其子女的品性善良敦厚，而现在的人缺少了胎教，使得子女不肖。

> 先生十年的教诲，也比不上母亲怀胎十月的胎教。岂能偷了这十个月的懒，生下不肖子，成为小人的母亲呢？如果这十个月下足了功夫，诞下出色的子女，岂不是能成为君子的母亲？[1]

1 引自师朱堂李氏《胎教新记》。

朝鲜时代后期的女性实学派人物凭虚阁李氏（1759—1824）所著的《闺阁丛书》《青囊诀》中，也有关于胎教的记载。由此可以看出，以师任堂为首的朝鲜女性们，都纷纷强调了胎教的重要性。

传统的胎教方法并不完全适用于现代的实际情况，但是，随着医学界不断发布孕妇的身体状况和情绪都会影响胎儿的发育等相关研究，现代人对胎教的认识也有了一定的提高。

据传，师任堂在怀这7个子女时，极其注意身体，不吃对胎儿不利的食物，不看对胎儿有害的东西。

孔子的教育论成为师任堂教育子女的标准

在当今社会，如果公职人员因家庭问题引发了社会的广泛议论时，大众媒体引用最多的一句话就是：“修身、齐家、治国、平天下。”意思是说，如果想成为社会中不可或缺的一员，首先就要培养完善的人格。那么，如何培养完善的人格呢？完善的人格是通过教育才能获得的，而教育又是什么呢？

教，具有效仿、教训、训诫等多重含义，是指“提出方向并引向目标”；育，具有养育、生产、成长等多种含义；教育指的则是，认真培养人与生俱来的品性和才能的过程。

英语的教育education，来源于拉丁语educatio，意思是“向外引出”，具体可理解为：把一个人与生俱来的素质和能大向外引出来，便是教育。

还有，虽然教育的目的或目标会因时代和国家的不同而不同，但其共同的理念，都是将人培养成一个真正的“人”。

那么，师任堂在教育7个孩子时，究竟是秉承着怎样的教育观念？又着重强调了哪一点呢？

师任堂生活的时代，是儒家思想成为国家统治理念的时代，因此，教育理念也理所当然地受到了孔子教育思想的影响。师任堂把孔子的教育思想作为自己的指导思想，而栗谷的教育思想，也是与其一脉相承的。

《论语》的开篇就有这样一句话：“学而时习之，不亦说乎？”这句话的意思是，学习之后时常地去复习并能从中学习到新的知识，不也是很令人愉快的事情吗？

那么，学习又是什么意思呢？孔子曾说过：“吾尝终日不食，终夜不寝，以思，无益，不如学也。”意思是说，空思索是没有益处的，还不如去学习。

那么，孔子想教给人们的又会是什么呢？孔子以人性教育作为首要的教育任务，希望受教育者能够学习为人之道。孔子理想中的“人”，就是“君子”。所谓的君子，是具备道德修养的人，是具备了智慧、仁义与勇气等美德的人。孔子曾说“子以四教，文、行、忠、信”，意思是要成为君子就要钻研学问、重视实践、尽忠

1536年，栗谷出生的乌竹轩梦龙室。

守信。

另一方面，孔子认为君子必须具备的品德中，除了“仁”之外，还应包括“义”与“礼”。“仁”以爱人之心为根本，所以孔子又说：“君子去仁，恶乎成名？”但是，孔子又告诫道，如果只是仁爱而不去学习，就会变得愚昧。学习，实际上就是指不断磨炼自己、修炼自己。

孔子还说“见义不为，无勇也”，意思是见到合乎正义、合乎道理的事情不去做，就是没有勇气。还说，如果君子只有勇气而不守礼法，就会惹出乱子来。

《论语·学而》篇中讲道，实践“仁”的根本，在于孝敬父母、顺从兄长。

师任堂秉承了孔子的这种教育理念，并立下志向，要用一辈子来付诸实践，勤勉地教育子女，同时她自身也在努力寻求着君子之道。

百善孝为先，让孩子学会孝顺父母

师任堂在成长的过程中，目睹了父亲申命和与母亲李氏夫人是如何孝敬他们的父母的，也学到了作为君子，要实践“仁”这一美好品德，首先就是要尽孝。因此，她决定要用一辈子的时间来实践孝道，又以孝为教育7个子女的首要内容。关于孝的具体内容，《孝经》中亦有记载。

> 天地之性，人为贵。
> 人之行，莫大于孝。[1]

孔子把“孝”当作人性教育的中心。《孝经》的第一章就说

1 引自《孝经》。

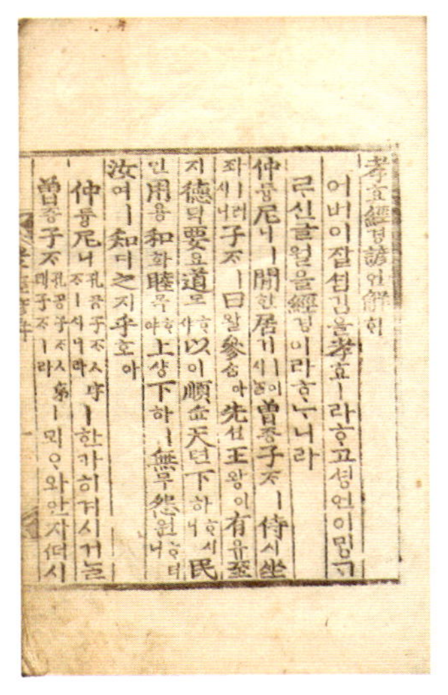

《孝经谚解》。它是将讲述孝道的《孝经》翻译成韩文的书籍。《孝经》是儒家经典十三经中的一经，因其内容以“孝道”为主，故名为《孝经》。

道：“夫孝，德之本也，教之所由生也。”意思是孝道是德行的根本、教化的出发点。其实旨在强调要孝顺父母，正所谓“百善孝为先”。

> 故不爱其亲而爱他人者，谓之悖德；不敬其亲而敬他人者，谓之悖礼，以顺则逆，民无则焉。不在于善，而皆在于凶德，虽得之，君子不贵也。[1]

我们可以看出，师任堂在教育子女时是以《孝经》为中心内容，而“孝顺自己的父母”又是其中最为首要的内容。师任堂认

1 引自《孝经·孝优劣章第十二》。

为，作为一个人，应该对自己的祖先和父母有感恩之心，要孝顺自己的父母。就这样，师任堂努力从德的根本出发，让子女走上正确的人生之路，做一个真正的人。这是师任堂教育子女的目标，同时她也是在遵守《孝经》的教导。

成宗时期，以孝顺父母著名的郑汝昌（1450—1504）是这样说“孝道”的。在这里，立身，是指完善了自身人格的人，也就是指君子。

> 真心孝顺自己父母的人，不会去怨恨他人；真心恭敬自己父母的人，更不会去蔑视他人。全心全意孝顺恭敬父母的人，其品德自然也会影响周围的人……总而言之，以孝育人，是为了教育天下子民心怀一颗恭敬之心，最终目的是令其以恭敬之心，立身于这大千世界。

每当夜深人静时，师任堂就会给子女们吟诵《诗经》里的一首诗。这首诗以表现父母对子女的恩情而著名，“劬劳之恩”（父母辛劳养育子女之恩）也出自于这首诗。

> 蓼蓼者莪，匪莪伊蒿。
> 哀哀父母，生我劬劳。
> ……
> 无父何怙？无母何恃？
> 出则衔恤，入则靡至。

《蔡氏孝行图》。孝行是实践君子之德——仁的第一步。

父兮生我，母兮鞠我
抚我畜我，长我育我。
顾我复我，出入腹我。
欲报之德，昊天罔极。[1]

师任堂就是这样日日夜夜用古圣贤的教诲和诗句来教给子女“孝”的道理的，而她自己也以身作则。

栗谷在《先妣行状》里记载道：“母亲师任堂品性孝顺，父母患病则满脸悲伤之色，痊愈才恢复到原来的样子。”又记载道，外

1 引自《诗经·小雅·蓼莪》。

祖父申命和患病时，母亲护理到深夜。婚后，母亲侍奉婆婆时没有一丝的疏忽，没有随意的举动，也不随意言说。处理一切事情，母亲从不擅自做主，而是都向婆婆洪氏夫人禀告。

师任堂的孝行教育，传递到了她的7个子女心中。从小特别孝顺的栗谷，在幼年时到外祖父的祠堂祈祷母亲快快痊愈这则逸事，也是相当有名的。

5岁时，申夫人患病，一度病危，全家人手忙脚乱不知所措之时，先生（栗谷）竟偷偷溜进外祖父的慈堂，并为母祈祷。这一举动，令全家人赞叹。

还有一次，有个人在过河时，不小心失足，险些丧命。当时围观的人们，都在拍手叫好，在一旁看热闹，只有先生一人躲在柱子后，小心翼翼地看过去，露出一脸的担心之色，直到那人从河里爬出来，他才终于放下心来。先生孝敬父母、爱惜他人的这份心意，便是天性。[1]

12岁时，赞成公（栗谷的父亲李元秀）病危，先生割腕以其鲜血为父亲做药，在先祖的祠堂中流泪祈祷，更是恳请愿替父离世。结果，父亲竟然痊愈了。[2]

1 引自《栗谷全书》附录。

2 引自《栗谷全书》附录。

古时，有些孝子会在父母因病失去意识时，咬破手指让父母饮其鲜血。这样的故事，自古流传下来的有很多。栗谷也应该是从小就听着这样的故事长大的。不仅如此，他还亲眼看到母亲是如何尽孝的，并亲耳听到外祖父的孝行孝心，因此，他早已经将“孝”深刻地铭记在了心中。

孝，不是反复听讲书本上的故事就能做到的，只有通过铭记在心反复实践才能将这一美好的品德发扬光大。从这个角度说，有些父母对长辈不尽孝，却希望孩子能孝顺自己，这与缘木求鱼又有什么区别呢？

栗谷在母亲去世后，为母亲守了三年的墓，不仅如此，他还极尽孝道地奉养了对自己很刻薄的庶母权氏。

如今的教育，更侧重于应试的技能教育，人性教育反倒被忽视了，家庭教育也几近被放弃，因此孩子们就像草原上的野马一样随心所欲地疯长着。

那么，孔子为什么要如此强调孝道呢？这是因为，爱自己的孩子是人类的本能，不用学习也能做到。而对于孝道，必须是人们看到学到并且亲身体验过才会付诸实践。

现如今在韩国发生的众多犯罪事件中，针对父母的有悖于人伦纲常的犯罪行为，成为了日益增长的严重问题。而犯罪者中也有不少是接受过高等教育的人，这一事实从另一个方面说明了韩国的教育体系还并不完善。

过去的传统社会，重视家庭伦理，以五伦为中心进行人性教育，而五伦中又是以孝顺父母为出发点的。

我们从师任堂的教育理念中可以学到，把子女培养成出色的人才，并不是让他们在学校取得良好的学习成绩，而是要教给他们全心全意对自己的父母尽孝，并用这种孝心去教育自己的孩子。

兄弟如手足，要友爱相待

在《论语》中，弟子子路问孔子："何如斯可谓之士矣？"孔子曰："切切偲偲，怡怡如也，可谓士矣。朋友切切偲偲，兄弟怡怡。"（孔子回答道："友爱地互相批评，和睦共处，可以叫作士。朋友之间互相批评，兄弟之间和睦共处。"）

除了孝顺外，师任堂在家庭教育中反复强调的就是兄弟之间的友爱。栗谷遵照母亲的教诲，一辈子都与兄弟姐妹们相亲相爱，和睦相处。

师任堂曾给子女们讲述了《诗经·小雅·棠棣》中兄弟之间和睦相处的故事。

> 棠棣之华，鄂不韡韡，凡今之人，莫如兄弟。
>
> 死丧之威，兄弟孔怀，原隰裒矣，兄弟求矣。
>
> 脊令在原，兄弟急难，每有良朋，况也永叹。

兄弟阋于墙，外御其务，每有良朋，烝也无戎。

丧乱既平，既安且宁，虽有兄弟，不如友生。

傧尔笾豆，饮酒之饫，兄弟既具，和乐且孺。

妻子好合，如鼓琴瑟，兄弟既翕，和乐且湛。

宜尔家室，乐尔妻帑，是究是图，亶其然乎。

师任堂的7个子女，后来公平地分配了财产，以此实践了兄弟之间的友爱。长子璿，比栗谷长12岁，47岁时就离开了人世。

栗谷让长嫂郭氏请来祖上的灵位，并让其亲自操办了祭祀。对二哥璠，栗谷也尽到了所有的礼节。璠没有官职，不谙世故，不懂人情，因此一直很依赖弟弟栗谷。即便是在弟弟升官之后，也依旧不管周围有没有人，随心所欲地使唤弟弟，让弟弟跑腿。对此，栗谷丝毫没有不悦之色，尽心侍奉着兄长。倒是看到这一幕的栗谷的弟子们，感到很尴尬，并劝阻了他的行为。对此，栗谷说道："在父兄面前官位又算得了什么？别人又怎么能代替我呢？在父兄面前，没有所谓过分的恭顺，再说，如果父兄去世了，那么即便是我想尽礼节不也是没有机会了吗？"

而且，栗谷还曾因二哥璠而受到过反对派的攻击。《宣祖实录》中有记载，李璠因田沓与奉氏产生了纠纷，他就以栗谷的名义递上了诉状，而反对派的攻击内容，主要就是列举了栗谷没有阻止兄长的错误。对此，金睟还替栗谷作了辩护。栗谷虽因为兄长而受到了委屈，但兄弟之情却丝毫没有减弱。

金睟又启曰："李珥事，前欲启之而不敢，今因言及敢启。其人不乐仕，病退后，衣食为难。其妻边家舍，亦卖之矣。当初奉家海泽相争事，虽以李珥名呈疏，而其兄李璠为之。奉家疑李珥指嗾，珥既不能救其兄，宜受此咎。"上曰："设使同生为之，当以义理，喻而救止之，岂为如此事乎？其夺不夺，予未知，在乡时富居云。"睟曰："其初处置，踈脱则有之。夺人土地，则无矣。"[1]

但是，这个"毫无概念"的二哥并不是只做那些令人讨厌的事情，他好像打心眼里以拥有如此聪慧的弟弟为荣。

据传，今天《栗谷全书》能够得以流传，全靠二哥璠的记录。璠每次看到栗谷回来，都要问他写了什么，如果栗谷写了什么，问完之后他便会亲自为其做记录。

师任堂教育子女，"同胞之间要友爱，不能互相伤害感情"，并给子女们讲了中国唐代高宗时人张公艺九世同居[2]的故事，这个故事讲的是九代人共同生活在一起。栗谷听完这个故事后说道：

1 引自《宣祖实录》，宣祖十三年五月二十六日。

2 中国唐朝时期，张公艺"九世同居"的故事被记录在《菜根谭》中，并以此为人所知。张公艺的家族九代同堂，虽然家族庞大，但族人关系却和睦友爱。高宗听闻，便亲自拜访了张公艺的家族，并询问了家族和睦的秘诀。张公艺当时只写了100个"忍"字，交给了高宗。一个大家族能够如此和睦相处，除了互相忍耐，别无其他秘诀。

"九代人在一起生活一定是件非常困难的事情，可是既然是兄弟，便不能分开过日子。"据说栗谷还画了一幅画，内容就是兄弟侍奉父母共同生活的场景，而且他每天都会看看这幅画。

据说，栗谷非常喜欢追随大姐梅窓，如果遇到困难的事情或者需要做决定的事情，便会与大姐商量，听从大姐的劝告。

另一方面，尤庵宋时烈所著的栗谷的《墓碣文》[1]，体现出栗谷与李瑀之间的友爱。

> 栗谷在海州石潭建造屋院，一得空，便会摆一桌酒席，令弟弟瑀弹奏玄琴，还会亲自作诗以娱乐，并笑说："知我者，唯我弟瑀莫属也。"[2]

在四子李瑀20岁时，父亲李元秀也去世了，他尽心尽力为父亲守墓，并尽了孝道。因庶母权氏的蛮横，他的生活非常艰苦，但与三哥栗谷依旧和睦相处。在栗谷去世后，他还长期照顾着兄长的家人。

栗谷为了给初学者指明学习的方向，亲自撰写了《击蒙要诀》。宋时烈跟父亲学习了《击蒙要诀》，茶山丁若镛也以《击蒙要诀》教诲自己的儿子。可以说《击蒙要诀》是朝鲜时代士大夫们

1 墓碣是立在坟墓前面，无其他华丽装饰的小碑石。

2 引自宋时烈《墓碣文》。

的必读书籍，其中也写到了兄弟之间的友爱。

> 兄弟是父母为我们留下的，既然与我同根生，便如同我自己，对待兄弟应当像对待自己一样。倘若，兄长饥肠辘辘，弟弟却顿顿饱餐，弟弟在忍受严寒，兄长却在享受温暖，这就像是一副身体，有的地方生病，有的地方健康一样，又怎能达到身心平和的境界呢？最近，有些人不爱惜自己的兄弟，归根结底，还是因为他们不孝顺自己的父母。如若有一丝孝顺父母的心意，又怎会不爱惜父母的其他孩子呢？如果兄弟有何不妥之举，应当竭尽全力忠告之，晓之以理，动之以情，切不可一脸愤怒的表情，说出刻薄的话，这样只会破坏兄弟间的和睦友爱。[1]

栗谷的弟子赵翼（1579—1655）也记录了栗谷与兄弟之间友爱的逸事。在栗谷去世后，同样的内容也被记录在了《仁祖实录》仁祖十三年五月十三日的记事中。师任堂在世时，他们的家境就不算富裕，栗谷也因清贫而过了一辈子困窘的生活。从下面的记录中可以看出，其他兄弟们的生活也并不比栗谷宽裕。

> 栗谷的兄弟们生活十分贫寒。长兄辞世后，栗谷甚至还

1 引自《击蒙要诀·居家章》。

把他的家人们也接来一同生活。此外，还有一些无依无靠又贫穷的亲戚。栗谷与他们生活在一起，据说将近有100人。[1]

栗谷从父母那里继承了遗产，又继承了外祖母的遗产，但是要养活一百多口的大家庭还是很吃力的，他为官又清廉，所以生活一直很拮据。虽然有人说栗谷的生活并不贫困，只是后人美化的罢了，但是即使有再多的财产，想维持100多人的生计也还是很吃力的。再者，有那么多人都留下了文献记录，如果仅仅是为了美化栗谷，那这本身就是对朝鲜时代书生的一种侮辱。

根据李恒福、赵翼、许篈等人的学识和人品来看，他们没有理由歪曲事实或捏造事实。说是看到栗谷如此坚守理念，清贫度日，他们既难过又出于一种崇敬才留下了上述记录，倒是更为准确一些。

与栗谷生活在同一时代，为了见到栗谷而亲自去海州寻找栗谷的许筠的亲兄长许篈，就记录了下面这则逸事。

李叔献（栗谷）来这里，本打算开拓田园，将宗族全部接来一起生活。但事与愿违，家中贫寒，有时连稀粥都喝不上，真是令人怜悯。当下这种社会，竟还有这般人物，可即便是在穷乡僻壤，也无法自给自足，可见这世道

1 引自《栗谷全书》卷38·诸家记述杂录。

艰难啊！[1]

还有一件事也描述了栗谷贫穷的生活。栗谷儿时的伙伴崔岦知道了栗谷生活艰难，便送去了大米，可是栗谷并没有接受，而是退了回去。从某种角度看，栗谷显然过于呆板，缺乏现实性，但是，我们也可以这么理解：栗谷不想做违背自己书生身份的事情。

这时，栗谷先生住在海州石潭。每天都不吃午饭。因为粮食短缺，有时甚至连粥都熬不出来。载宁郡守知道这件事后，给先生送来了大米。这个郡守名叫崔岦，是栗谷儿时的玩伴。但是，栗谷却没有收下。弟子们正愁没了粮食，突然有人送来大米，简直是欣喜若狂，但栗谷却二话没说就给回绝了。弟子们觉得很奇怪，便开口询问。先生对弟子们说："国法中，分赃的罪行可是相当严重的。我们国家的守令大人，除了国家的粮食，又怎会有属于自己的粮食呢？虽说是守令，但如果他给我送来的是自己的粮食，我又怎能不收？但这位崔郡守送来的肯定是国家的粮食，我又怎能收下呢？与其收下，倒不如继续挨饿。"[2]

1 引自许篈《朝天录》。

2 引自《栗谷全书》卷38·杂录。

栗谷为了解决困窘的生计，曾在铁匠铺以做锄头并变卖来营生。我们来看看李恒福[1]写给崔有海的书信。

近代的慕斋金安国先生，在辞官回到骊州时，曾亲自参与秋收，不让下人在院子里散落一粒米，说这都是上天赐予的礼物。栗谷先生住在海州时，也曾在铁匠铺干活，亲手做锄头并变卖，以换得粮食。我在想，虽然是在做合乎信义之事，但身为大人物的他们，是否会感到丝毫的羞愧呢？[2]

但是，栗谷却认为用自己的劳动摆脱贫困是一件堂堂正正的事情。

从前的隐者，有人做鞋变卖，有人拾捡柴火换钱，有人则以打猎为生，甚至还有人拄着拐杖耕地，正所谓“贫贱不能移”，也正因为如此，他们才能保持平和的心态。[3]

栗谷家衰败的生计，在他死后也一直延续着。不仅没有操办葬

1 李恒福（1556—1618），朝鲜时代中期文臣、政治家，号白沙，都元帅权栗的女婿。被封为鳌城府院熬城大监，威名远扬。与汉阴李德馨发生了很多故事，从而为世人所熟知。

2 引自李恒福《白沙集》。

3 引自《击蒙要诀·居家章》。

礼的费用，而且家眷们也没有一处房屋可住，可想而知，栗谷究竟是怎样度过这一生的。

官至左议政却仍然过着简朴生活的李廷龟（1564—1335），是这样记录栗谷的生活的。

> 像先生这样，生前曾执掌朝中大权、威名远扬的大人物，家中境遇又怎会如此贫穷呢？因为，在他的心里，只有国家，从来不曾操心家中之事。他清贫的生活，在他辞世时，更是体现得淋漓尽致。在先生过世后，家中不仅拿不出任何积蓄，甚至连丧服都没有准备，只好借来别人家的寿衣入殓。之后，他的妻儿徒弟们更是没了住处，到处搬家，没有能够依靠的地方，可谓是饥寒交迫。他的朋友们和儒林学子们，见此状况，自发筹集了一笔钱，在汉阳，为栗谷的妻儿徒弟置办了一处房子。[1]

栗谷身为高官而一辈子过着贫穷的生活，其理由，据推断有两条：其一，他承担了其他兄弟姐妹们的生活重负；其二，没有收受过他人的请托或者贿赂。无论是古代还是现在，如果不是从父母那里得到很多的遗产，公职人员是很难过上富裕的生活的。可是，现在身居高位的公职人员们，却利用自己的地位，通过不动产投机、

1 引自李廷龟《栗谷先生谥状》。

收受贿赂、贪污公款、不法经济来往等多种手段使自己的财产增值，并认为这些都是理所当然的，一点羞耻之心都没有，还厚着脸皮拿国家的俸禄。这可真是无异于用肉包子去打狗。

栗谷上书宣祖，陈诉了必须改正的四种弊端。从中我们可以看出，他所提及的问题与现如今毫无二致。

> 绩败于食志者，何谓也？设官分职，非禄其穷也，将得人才，以治天工。而今则不然，为人择官，不问才否。大官持禄，固鲜忧国之志；小官铺餟，尤绝奉职之念，师师非度，筋脉解弛。[1]

公职人员本是为国家做事的人。但是，如今的人们却把行政考试或司法考试当作是提升身份和享受富贵荣华的阶梯，如此一来，他们还能为国民、为弱者尽心尽力地履行自己的职责吗？

教育的目标，变成了升学和求职，这就是如今的现状。

教育改革，单靠改变考试制度是不可能完成的。

孝敬父母、兄弟友爱，是学习做人道理的第一步。可是如今的社会，却丢失了这样的家庭教育，学校教育和社会教育也都失去了方向。人与动物的不同点，在于人有羞耻之心。如果连羞耻心都荡然无存的话，那么跟动物又有什么区别呢？我们称这样的人为“披

1 引自《宣祖修正实录》，宣祖十五年九月一日。

着人皮的禽兽”，意思是这种人只不过是个披了人皮的动物而已。

师任堂的教育理念之所以在21世纪还适用，就是因为她的教育理念，是以教给人们做人的道理为出发点的。

兄弟姐妹应生活在一起，相互扶持

栗谷在儿时听了母亲讲的关于张公艺九世同堂的故事后，将其牢牢记在心中，并希望能够与兄弟姐妹们共同生活在一起。

1576年，41岁的栗谷辞去官职移居到了海州石潭。首先，他请来七年前去世的大哥璿的遗属一起生活，让兄嫂郭氏主管家务。这时，主要是直系兄弟们共同生活在一起。可是后来，他将亲属中无依无靠的人，或者实在困难的人，也都接来一起生活，就这样慢慢形成了一个拥有100多人的大家庭。不过，因为栗谷制定了《同居诫辞》，约定了家人之间应该遵守的准则，所以即便是100多人，也都过着和睦的生活。

《同居诫辞》的意思是，“大家一起生活时需要警戒的准则”，也可以看作是家庭和睦的指南针，一共有七条。

1. 孝顺父母，虔诚供奉祭祀；

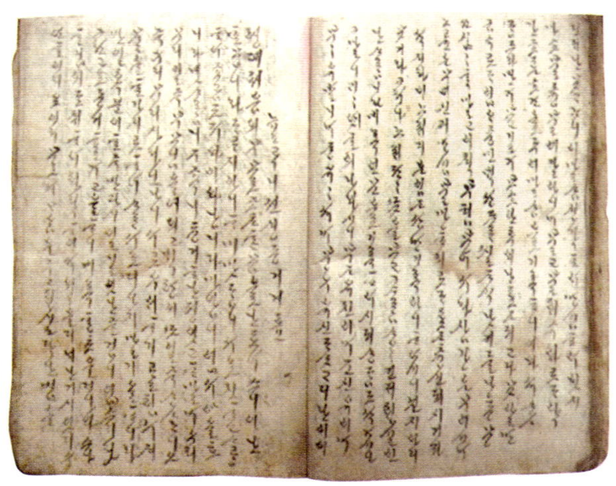

《同居诫辞》谚文手写版。为了能让生活在一起的100多人和睦相处，栗谷所制定的7条准则。

2. 敬孤嫂为一家至尊；

3. 不设私有物品；

4. 真诚爱护妻子与妾室；

5. 恭敬对待长辈；

6. 对待叔叔、堂兄弟，如同亲父和亲兄弟一样；

7. 一家人要齐心协力。

栗谷是这样阐明兄弟共同生活的理由的：

同生，即兄弟，皆由父母受之身体发肤，当然应看作是一体的。兄弟之间，应当互相友爱，不分彼此，真诚以对。古人尚且有九族同居，更何况，我们家父母早逝，长兄又英年早世，我们这些活着的人，更应当互爱互助，同住一个屋檐下，永不分离才是。如果分居而住，就失去了人生的意义，因此我才会计划同居，虽然背井离乡，来到这里，但只要一家人能和睦相处，又何尝不是令人欣喜之事呢？[1]

现如今我们生活在这样一个冷漠的时代——亲子之间、兄弟姐妹之间因为财产问题，不惜伤感情甚至还打官司。家庭这个根已经开始歪斜了，那么到了社会上，人际关系又怎能不变成竞争性的、暴力性的呢？

师任堂努力教育子女们要孝顺父母、爱护兄弟姐妹。她的教育目的就是要让子女们知道何为为人之道。师任堂不仅以身作则，还从子女们很小的时候就给予教诲，不厌其烦地讲述古圣贤们孝悌的故事。这让我们再次认识到了家庭教育的重要性。

1 引自《同居诫辞》序文。

在成长的路上，要立志高远，坚守理想

师任堂的长子璿曾多次参加科举考试，30年来却屡屡落榜。对于落榜的璿，师任堂是这样安慰鼓励他的："万事都在于你的想法。不要灰心，静下心来做自己的学问。学习之人，如果终其一生却依旧没能成功，那只能说明他还没有明确的志向。"

朝鲜时代的平均年龄是35岁，而科举中榜的平均年龄也是35岁。璿临近40岁才终于考中科举，30年来他因科举所承受的心理压力，很难用语言来形容。一直在身边给予他勇气，并不断支持他、鼓励他的人，正是他的母亲。

师任堂在教育7个子女的时候所强调的教育目标，并不是"要出人头地"，或者是"要走上仕途"，而是希望子女们一定要"立志"。既然有了志向，就应该具备无论遇到怎样的困难，都要坚持自己志向的意志力。

那么，何为立志呢？孔子曰："吾十有五而志于学，三十而立，四十而不惑，五十而知天命，六十而耳顺，七十而从心所欲，不逾矩。"

师任堂早早便立下要成为君子的志向，并为自己起堂号为"师

任堂”，以此来激励自己，要以文王之母太任为人生典范。

有人认为，师任堂之所以会以太任为典范，是因为她立志成为一名贤妻良母，但这只不过是那些人凭着自己的想法，胡乱猜测而得出的结论罢了。从小就天资聪慧、博览群书的女孩子，在小小年纪，就做出了为自己起堂号的非凡之举，如此“唐突”的女孩子，抱负竟然是成为一名贤妻良母，难道这不奇怪吗？而且，前文中也曾解释过，朝鲜时代根本就没有“贤妻良母”这一概念。

中国的太任，是连朱子都敬仰尊重的圣人。师任堂认为太任是女中君子，而自己也立志要成为一名君子。“具有独立人格的人”才是君子应有的风貌，所以师任堂才会遵照圣贤的教诲，严格要求自己。

师任堂认为，立志于学，是一切的开始。师任堂的立志教育，成为了栗谷思想的核心，栗谷对于立志的看法体现在了《自警文》《学校模范》及《击蒙要诀》中，他更是将“立志”作为一生所追求的目标。

栗谷第一次在书中记载这种想法，是在撰写用于告诫自己的《自警文》时。在母亲去世之后，栗谷隐居到了金刚山。在重返汉阳之后，他反省道，自己年逾二十却依旧彷徨不定，甚至还皈依佛门，原因应该就是一直没能确立人生奋斗的目标。同样的反思，他还记述到了《击蒙要诀》的第一章《立志章》中。

初习学问者，当以立志为先，时刻要求自己以圣人为目标，不能贬低自己，更不能产生想要退缩的念头。无论是凡人，还是圣人，其本质都是相同的。虽然，气质多少会有清浊纯杂之分，但只要领会真理，并努力实践，更正以往的坏习惯，回归本性，那么就能拥有大善。[1]

他还指出，如果有了明确的志向，却无法将其付诸行动的话，那志向也只不过是说说而已，并没有一心求学的诚意。栗谷想要强调的是，人言立志，重要的不是天赋，而是努力。容貌或身形是天生的，无法改变，但心志却是能够通过后天努力加以改变的。

人的容貌不能从丑变美，体力不能从弱变强，身高不能从矮变高，诸如此类都是与生俱来的，无法改变。但，心志却可以从愚钝变为智慧，从不肖变为仁慈。因为，虽然心志看似虚无但着实灵妙，从不受与生俱来的本性的束缚。

栗谷在40岁那年，曾向宣祖上表了《圣学辑要》，里面这样写道：

臣认为，做学问，应当以立志为首要任务。还没有人，不立志却能做成大学问的，因此，修己当以立志为先。

1 引自《击蒙要诀·立志章》。

栗谷通过此文，再次强调了“立志”的重要性。

《学校模范》是栗谷在47岁时奉王命编写的修身书，在书中所记述的16个项目中，栗谷仍然把“立志”放在了第一条。据此我们也能看出，栗谷究竟有多重视立志。

如今的教育，也经常以激发学习动机来提高学习效果。从这一点看的话，无论是强调立志于学的古圣贤、师任堂，还是栗谷所坚持的立志论，对今天的教育都产生了重要的影响。师任堂或栗谷所言的立志，是理想中的教育，是以研习圣人学问为目标，通过教育成为理想主义人类即圣人，换句话说，其最终目的就是使人成为君子。

最近，小学生在未来志向一栏中填写“七级公务员”的事情，被传为了佳话。有不少父母认为：“如果孩子成了公务员，那我们也就可以安享晚年了。”众多二十岁左右的人希望成为公务员，首先是因为这一工作很稳定；其次，二十岁、三十岁左右的公务员，能够从为民计民生提供直接服务的工作中，获得成就感。但是，当今社会很多人为了考取公务员，甚至放弃了正在研读的大学课程，或者放弃自己喜欢的工作。看着他们郁郁寡欢的面容，怎能不让人担心我们社会的未来呢？

立志，是每个人能够为自己设计人生梦想的唯一机会，是决定我们要把自己的热情和意志投入到哪里的一件大事。但是，青年一代的梦想，竟然集中在了拥有稳定的工作及较高的社会地位，那我们又该如何看待这种现状呢？

不立志没梦想的青春，与行尸走肉又有何区别？所以当今社会，家庭和学校最应该教给孩子们的科目，并不是英语和数学，而是应该教给他们如何立志。

既然立志如此重要，那我们究竟该如何立志呢？栗谷认为，应该以诚立志。为寻求所有事物的真，首先应该让自己的态度变得精诚，对于这一点无需多言。朝鲜时代士大夫们的必读书籍《中庸》的后半部分，全部围绕着“诚”所展开，以此来揭示儒教哲学的本质。

> 诚者，天之道也；诚之者，人之道也。
>
> 诚者，不勉而中，不思而得，从容中道，圣人也。
>
> 诚之者，择善而固执之者也。
>
> 博学之，审问之，慎思之，明辨之，笃行之。

精诚中的“诚”即为天之道。能否成就一番事业，取决于你付出的努力是否诚实。

让孩子们认识到“交友一定要讲信义”

师任堂教育子女要遵守的信任与义气，即为信义，是父亲申命和教诲于她的。正如前文所提到的，申命和认为是错误的事情，那么即便是丈人所托，他也会毅然决然地回绝，可见他的品行是非常刚直的。

父亲既是师任堂的长辈，也是师任堂的老师。师任堂不仅继承了父亲刚正不阿的性格，同时也从父亲那里习得了经典，并以父亲的品德为自己学习的榜样。因此，她也一直向子女们强调信义的重要性，并教育他们言行一定要谨慎。栗谷的《学校模范》第四条，是这样强调“慎言”的。

> 第四，是慎言，学习之人如想成为真正的书生，便一定要谨言慎行。
>
> 正所谓，言多必失，说话一定要真诚，有可信度，适时宜，表认同或肯定也一定要慎重，语气要庄重，不要开玩笑，不要大吵大闹。

只说有益于学问信义之词，不正偏杂、怪异、鬼神等市井之间流传的污言秽语，更是不能出自书生之口。

三五成聚，聊一些无关紧要的事情，以虚度光阴；毫无根据地批判时政；随意评价他人的优缺点——这些都是有碍学习之事，一定要时刻警戒才是。[1]

栗谷的兄弟们一生清贫，又何尝不是因为他们交友谨慎，不与不义之人为伍，并一直秉承着“信义”二字呢？虽然大哥英年早逝，但大姐梅窓的丈夫曾在朝廷任职，小弟李瑀也出任过多个邑城的县监。李瑀出任比安县监时，因不曾动用刑杖，而深受当地官吏与百姓的爱戴。在任期即将结束时，比安的百姓请求李瑀能够连任，因此他的任期又追加了7年。同时，栗谷也曾身居要职，原本并不用担心生计问题，但为了照顾贫穷的家族亲戚，他和兄弟们的生活都过得非常拮据。

师任堂还特别强调，交友时需言而有信。

栗谷交往了一生的挚友当属成浑与宋翼弼，他们的关系也是建立在学问与道义、信义的基础上的。其中，宋翼弼为父亲与丫鬟所生之子，身份卑贱。但栗谷却并没有顾及这些，相反，两人成为了毕生的好友，而且宋翼弼还借栗谷之势，向世人展示了自己的学问。

1 引自《学校模范·慎言》。

这一年，宋翼弼25岁。栗谷在科举考试时，曾以一篇《天道策》及第状元并得到了世人的关注。年轻的书生们慕名而来，想要请教栗谷学问。栗谷对他们说：“你们可以去拜访龟峰。龟峰宋翼弼学识渊博高深，比我优秀得多，你们还是去请教他吧。”在那之后，龟峰家门庭若市，他对书生们的提问也是对答如流，龟峰的名声就这样传遍了全国。就是在当时，金继辉带着11岁的儿子前来拜访，而其子便是在日后成为大学者的金长生。[1]

通过栗谷的推荐，朝鲜礼学最权威的学者金长生成为了宋翼弼的弟子，而他的学问，也因此传授给了宋时烈。

宋翼弼曾因为父亲犯下罪行而受到牵连，以致长期在外逃难。栗谷还曾亲自前往宋翼弼逃难之地——唐津，以安慰鼓励他。这就是栗谷对朋友的信义。

据传，宋翼弼的父亲宋祀连原是安瑭家奴婢出身，在1586年（宣祖十九年）密告了安家，甚至还引发了辛巳诬狱，后因安处谦的子孙状告至朝廷，这才恢复了安氏一族的身份。进而，包括宋翼弼兄弟在内的甘丁的子孙为安家奴婢之事被揭发，并因安氏的状告，再一次沦为

1 引自《三贤手简》。

了安氏家族的奴婢。宋翼弼改名换姓，从此过上了逃难的生活。当时，自觉与唐津有缘，便隐居在了唐津市松山面梅谷里。也正是在这时，栗谷来到宋翼弼隐居的地方，望着重重叠叠的山峦，安慰了宋翼弼，从而加深了两人之间的友谊。[1]

栗谷与当今社会中，那些交友只看重金钱与利害关系，当朋友陷入困境时，只考虑会不会连累到自己，甚至翻脸不认人的人，形成了鲜明的对比。

与小人交友，不仅不能开阔眼光、拓展视野，还容易沾染上不好的习惯，并被其他人当成是同样的小人。这一点，在当今的教育中也是如此。

当今的校园暴力，是一群心理上有问题的学生们聚集在一起，将自己的不满以暴力的形式向弱者发泄。原本平凡普通的学生，在加入了暴力社团后，人生轨迹发生了改变，究其原因是他们交友不慎的缘故。

“物以类聚，人以群分”的意思是身上有着共同点的人们，自然而然地就会成为朋友。因此，如果想交到优秀的朋友，那首先要做的，就是必须让自己变得优秀起来。

1 引自《三贤手简》。

教导孩子注意提高人格修养

自朝鲜王朝建国以来，随着《礼记》中的“男女七岁不同席”，即“男女在七岁之后便不能在同一张床上睡觉”的内外思想逐渐渗入到朝鲜中来，朝廷最终颁布了《内外法》，并在世宗时代开始实行。

《太宗实录》（太宗十四年十一月十七日）中有记载，朝廷“命妇女头戴笠帽，并禁止其使用扇子”，其中的笠帽指的是一种遮挡面容的帽子。因社会风俗没有得到严格的管制，司宪府重新拟定了有关内容，这便是其中一条。朝廷要求妇女不能抛头露面，这正是实施《内外法》的一种体现。

朝鲜时代初期的女性教育方式，主要是依靠母亲在家庭中对女儿的言传身教。师任堂所生活的时代，士大夫家一般会用《小学》《孝经》《内训》等书籍来教育女性，但也有很多女性不会进行学习。而在世宗大王创造韩文之后，她们也只是会研习被翻译成韩文的经典著作。

女性并不会在书堂或其他教育机构中接受教育，更不能随意外出。因此，师任堂的三个女儿，应该是由她亲自教导的。用现在的话说，就是在无可奈何的情况下，进行了“家庭式教育”。

师任堂教育包括大女儿梅窓在内的三个女儿，作为女人，应遵守四德。这也是她小时候阅读过的女性教育书籍中所记载的内容。《内训》中所记载的女性应具备的四种品德有“妇德”“妇言”“妇容”“妇功”。

1. 妇德：应当心性开朗，安静端庄，守气节，穿衣得体，行为端正，知廉耻，一举一动都恪守法度。

2. 妇言：应当说话得当，不口出狂言与令人厌烦之语，不说令他人不愉快的话。

3. 妇容：应当保持面容与身体的干净整洁，衣物也要简洁得体。

4. 妇功：应当专研纺织，所做酒食要干净美味，手艺足以款待家中客人。

上述四条是女子应当遵守的四德，万不可无视忽略。不过，想做到上述四条也并非易事，所以，应当时刻谨记在心。[1]

一般来说，大家会习惯性地将上述“女有四德”解释为培养贤妻良母的内容，但，除了第四条“妇功”，即拥有身为女子的各种手艺这一条之外，其他三条不仅适用于女性，对士大夫来说，也是理应遵守的内容。因此我们可以得出结论，良好的人品与人格修

1 引自《内训》。

养，才是女性首先应该具备的品德。

师任堂在教育7个子女的时候，针对她所要实现的教育目的，有着一套明确的教育哲学。因此，她才会在怀孕时，按照古圣贤的胎教法，严于律己，谨言慎行。

其实，教育不只是单纯地教授知识，更是要以自身作则地影响受教育者的人格与言行。因此，师任堂才会不断完善自己的人格，并努力成为子女们学习的典范。这不禁让人想起了一则寓言：母螃蟹自己横着爬，却要求小螃蟹竖着爬。身为父母，凡事随意妄为，却对子女进行道德说教，这样的“唠叨”又怎会有权威性呢？子女们之所以会对师任堂“言听计从”，正是因为她无时无刻不在以身作则。

前文也曾提到过，师任堂将“立志”作为教育的首要目标。立志，就是指一个人这一生努力奋斗的方向。每个人的天赋与性格都不同，因此，各自树立属于自己的目标，在教育中有着极其重要的意义。但是，即便志有所向，如果不全心全意为之奋斗的话，也无法实现自己的目标。

同时，师任堂还不断地向7个子女强调孝敬父母、与兄弟友爱的重要性，这是因为，她希望这种善良与爱心能够互相传递，并最终能影响到其他人。据传，栗谷与他的兄弟们也确实相亲相爱地度过了一生。这种友爱教育，对栗谷与宋翼弼之间的友情，也起到了很大的作用。

师任堂教育三个女儿要具备女性应有的四种品德，是希望她们不仅能够修炼自己的人格，还要掌握作为女性应具有的手艺。

师任堂的大女儿梅窓之所以日后能够被称为“小师任堂”，就是因为师任堂在教育方面不分男女，对子女们进行了一视同仁的教育。

师任堂效仿孔子，对子女因材施教

我们正生活在一个缺乏“饭桌教育”的时代。当代家庭中，之所以缺乏“饭桌教育”，其中最大的一个原因，就是家庭成员都在忙于各自的事情。作息时间的不同，导致一家人根本没有机会其乐融融地围坐于饭桌前，除非提前约好聚餐的日期和时间。这样一来，导致家人没时间互相问候，没机会进行对话，当然也就无法进行更深入的沟通，因此，导致了现如今的社会严重缺乏家庭教育。

但在古代，家庭教育一般是由父母言传身教，而主要的教育形式就是父母讲述自己儿时听到的故事。这就是我们经常说的“饭桌教育”。在一起吃饭的过程中，父母先教给孩子餐桌礼节，等孩子逐渐能够明事理、分是非的时候，就针对社会上发生的事情，进行讨论分析，并以此来教育孩子如何与他人对话。

在众多教育方法中，对话法有着相当悠久的历史。耶稣、释迦牟尼、孔子、苏格拉底这四位伟人的教育方式，均为对话法。老师提问，由弟子们来回答；弟子提问，老师则不会立即回答，而是会引导弟子找到正确答案，引导弟子对有疑问的部分进行思考，并让他自己领悟其中的道理。

孔子教育弟子的方式，正是引导他们，让他们自己得出结论。

> 子曰："不愤不启，不悱不发，举一隅不以三隅反，则不复也。"[1]

分别摘取这句话中的"不启"与"不发"两个词语后面的一个字，便能够组成"启发"一词。也就是说，启发人们使其自己领悟，才是教育的真正方法。另外，还有一句话叫作"随人异教"，意思是老师要根据弟子们的品行与天赋，以及掌握知识的程度，因人而异，因材施教，换句话说，就是个人教育法。

关于"孝"，孔子弟子们的看法也是各不相同。

《论语·为政》篇中，有一段内容是关于孔子与弟子们以孝为话题进行的讨论。

体弱多病的孟武伯问孝，子曰："父母唯其疾之忧。"另一个弟子子游问孝，子曰："今之孝者，是谓能养。至于犬马，皆能有养，不敬，何以别乎？"

1 引自《论语·述而》。

两个弟子问了相同的问题，孔子却给出了两个不同的答案。这是因为两个弟子所拥有的气节完全相反，所以，孔子的回答也是因人而异的。举个例子，孔子有一弟子名为子路，他虽然很有勇气且坚守信义，但性格却很急躁。孔子曾对他说过这样一段话：

> 子路问："闻斯行诸？"子曰："有父兄在，如之何其闻斯行之？"冉有问："闻斯行诸？"子曰："闻斯行之。"公西华曰："由也问闻斯行诸，子曰'有父兄在'；求也问闻斯行诸，子曰'闻斯行之'。赤也惑，敢问。"子曰："求也退，故进之；由也兼人，故退之。"[1]

育有多子的母亲最头疼的问题，会是什么呢？对于性格、能力各不相同的孩子，究竟该如何因材施教呢？460年前的朝鲜母亲师任堂，应该与今天的母亲们一样，为这样一个问题而苦恼。

师任堂在教育众多子女的时候，一定一直在思考，究竟如何教育孩子们，才能让他们对学习感兴趣，并能够牢记古圣先贤的教诲。熟读经典虽然很重要，但她希望能找到一种更有效的方法，而这种方法，就是孔子的教育论。因此，师任堂才针对7个子女，采用了各不相同的教育方式。

另一方面，师任堂应该是个从不大声训斥孩子，一向慈爱温和

1 引自《论语·先进》。

的母亲。养育过孩子的母亲们都应该有同感，养育7个孩子并不是一件容易的事情，还要亲自教育他们，就更是件难上加难的事情了。但是，师任堂却用自己强大的耐心，亲自教育着她的子女们。栗谷曾回忆道，母亲从不训斥他们，而是以慈爱之心，循循善诱，让他们能够自己领悟其中的道理。

师任堂对子女的教育也是遵循了孔子的教育论——“学而不思则罔，思而不学则殆”，这句话指出，学与思应该是并行的。

思索指的是对某件事情深入思考，换句话说，就是穷理。通过阅读，方能够做到穷理，而做学问的第一步，正是阅读。

在当时，师任堂之所以能够拥有不逊于任何士大夫的学识，能够效仿古圣贤的德行并付诸行动，都是通过阅读实现的。阅读使人

姜熙彦的《二人挥毫》（1740年）。这是描绘书生应具备的文、武、艺等才能的《士人三景图册》中，描写绘画场景的一幅画。

思索、穷理，并付诸实践。师任堂的父亲教导她读书，她也同样教导自己的孩子勤于阅读，而受母亲影响最大的栗谷，也是通过不断地阅读，更加深入地研究了书中所包含的至理。

对于读书的重要性，《击蒙要诀》中也强调说，没有比阅读研究事物真理的书籍更重要的事情了。

> 学习之人，应时刻保持初心，不被俗事缠身，一定要穷究真理以明是非，那么自然便会知晓该如何实践真理，从而实现进步。因此，若想得道，必先深究真理，若想深究真理，那么必先阅读书籍。因为，圣贤们是如何修身养性的，又是如何分辨善恶的，全部都写在书中。

栗谷推荐给大家的第一本书是《小学》。因为，《小学》中讲述的内容并不深奥，而且讲述了为人处世的道理。《小学》不仅是朝鲜时代书生们的必读书籍，而且朝鲜王也会学习这本书，阅读数十遍甚至数百遍也都是常有的事情。

> ……如果只用嘴来阅读，不用心体会，不付诸实践，那么书与我便没有任何交集，又怎么能对我有益处呢？……首先读《小学》，懂得如何孝顺父母、尊敬兄长、忠于君王、恭敬老人、仰慕老师、善于交友，并将这些付诸实践。

姜熙彦的《士人三景图册》中的《士人诗吟图》（1740年）。“士人诗吟”指的是书生们以文会友的聚会。

同时他还强调，与其翻看不同的书籍，倒不如精读一本，并完全理解其中的意思。比起多读，栗谷更加推荐精读。

> 当然，在阅读时，一定要熟读一本书，明白其中所有的内容，参透其中全部的道理，再无疑惑之处时，方可阅读下一本书。切记不可贪于多读多看，忙于涉猎知识。

朝鲜时代的教育目的是教人道理，并培养对社会有贡献的人，因此，其中最为强调的是实践。师任堂教育7个子女的内容，也与古圣贤的教诲一脉相承。只不过，与当时社会只注重教育男子学习经典不同，师任堂对三个女儿也进行了相同的教育。这也是因为她受到了自己父母的影响。师任堂的教育目标及教育方式，给现如今的子女教育带来了很多的启发。

同时，栗谷以师任堂的教育思想为中心编纂的《击蒙要诀》，成为了后世教育子女的重要教材，影响甚广。

师任堂教育子女的方法在不断地告诉人们：教育的第一场所是家庭，而孩子的第一位老师是父母。对于子女来说，父母就是活生生的教材。那么，如果想培养出优秀的子女，作为父母究竟应该如何以身作则，这也是我们应该深思的问题。

师任堂作为一个独立的人，作为7个子女的母亲，在追求君子之道的路上无愧于自己，同时在写作、绘画方面也投入了大量的精力。7岁时，她用稚嫩的小手临摹了安坚的画作，并让大人们刮目相看。那么，对于一个天赋卓绝的女性来说，朝鲜时代的诗书画究竟意味着什么，她通过诗书画所要表达的内心，又会是什么呢?

| 第四章 |

师任堂及其子孙们都才华横溢，注重艺术上的升华

温和的眼光落在围墙上。刺眼的阳光，让李珥眯起了眼睛。

珥用余光，看到瑀用茶盘端来了白酒和酒盅。

“兄长，阳光这么好，我们饮一杯如何？”

珥的眼前浮现出母亲去世时瑀的模样。

当时自己也才16岁，而弟弟瑀，则还是个稚气未脱的11岁少年。

面对母亲的突然去世，年幼的瑀紧咬着嘴唇，强忍着悲痛。

一晃二十年过去了，但直到现在，瑀当时的模样仍旧浮现在自己的脑海中。

但是，现在的他长得是如此仪表堂堂，在阳光温暖的下午，

还能与自己饮一杯酒，用诗与玄琴互相交流感情。

珥欣慰地接过了瑀递过来的茶盘。

李珥对辞掉官职，移居海州并在此地安家落户，没有一丝的后悔。

李珥想，就这样跟亲爱的弟弟和亲戚们和和睦睦地过日子，

悠闲地作作诗，听着弟弟雄浑的玄琴声，悠然自得地度过余生。

“瑀啊，想听听你弹奏的玄琴声了。”

珥接过酒盅说道。

在所有的朝鲜画家中，师任堂被称为草虫图第一人

栗谷李珥提出了“格物致知论”，其观点是“草、树木、鸟还有禽兽都有各自合理的法则”。他说，他对草虫的关心是受到了母亲师任堂的影响。

草虫图起源于中国的花草图，在朝鲜时代多用于妇女们的绣本。草虫图指的是在一张图上画有花草昆虫等的彩色画或水墨画。韩国国立中央博物馆收藏了师任堂的一套由十幅草虫图组成的屏风。师任堂的草虫图占八面，另外两面是十八世纪的文人申暻与在韩国书画史上留下浓墨重彩的一笔的吴世昌所题的跋文。

申暻在跋文中说道：“师任堂精通典籍，擅长书法，针线活与绣工也很出色，画山水和花草都非常精妙。”

笔下好似有春风拂过，
一勾一画都巧夺天工。
我猜想她端坐提笔的样子，
仿佛不是在作画，
而是以当年文王之母为榜样，
在写作一首无声的诗歌。
此画流传至今二百余年，
虽然墨色已淡，可精神依旧。

吴世昌[1]以申暻的跋文为依据推测道，这幅屏风乃是师任堂的真迹，是她为了绣工而画的样图。现如今，大家之所以能够知道这套草虫图屏风是师任堂的真迹，完全是因为这两位的跋文。师任堂草虫图的特点：主题突出，构图简洁，观察细腻，具有女性的描写能力并极具有韩国特点的色彩感觉等等。

我们可以认为，草虫图的素材，比起事物本身，其象征意义更为重要。在东洋，与自然和谐相处被视为理想的生活，把植物、动物、昆虫当作是与人类相生的生命体，因此赋予了它们象

1 吴世昌（1864—1953），朝鲜时代末期与大汉帝国时期的文臣、政治家、启蒙运动家，大韩民国的政治家、社会家。朝鲜时代末期，是开化派的代表人物，“3·1”运动民族代表中的一员。他还是韩国历代王朝书画家名录《槿域书画徵》（1928年）的作者。

征意义，进而还会把它们当作绘画的主题，画成画，挂在书房。草虫图还寄托着一些人的愿望，因此它也就变成了类似于符咒的东西。

那么，出现在师任堂草虫图屏风的八幅画中的花草昆虫分别象征着什么，又具有怎样的意义呢？

第一幅《茄子与大尖头蝗》中出现的有：茄子、大尖头蝗、蚂蚁、飞蛾、蜜蜂、瓢虫、笔头草、野草莓等。地上有一对蚂蚁和大尖头蝗在爬行，画的上方有蝴蝶、蜜蜂、飞蛾在飞行。这是在大自然中非常常见的景象。据传，蚂蚁象征德行与顺从，还具有勤勉和诚实的意思；茄子是把汉文中的“嘉子”谐音成“加子”，是多生子女的意思；而大尖头蝗一次就能产100多个卵，也是象征着多产。

蝴蝶自古以来，都是象征着愉快、欣喜和自由，可是因为蝴蝶的“蝶”字与表示80岁的耄耋的“耋”字音同，因此也象征着80岁或者长寿。婚需品、枕头边、衣结等物品上的蝴蝶，则用来祈祷夫妻琴瑟和鸣，也象征子孙繁盛、长寿。

笔头草，当我们去拔它的时候，它的根节就会折断，因此轻易拔不干净，过些时日，就会从折断的地方再发出新的芽来，是一种生命力非常顽强的植物，因此象征着坚韧的生命力。

瓢虫也叫甲虫，其铠甲也叫甲第，甲第与及第是一个意思，因此，瓢虫也用来祈愿状元及第。甲虫的背上有七个斑点，意味着北斗七星，表达了人们期盼成为像泰山北斗一样出众人物的愿望。

师任堂草虫图八面屏风中的第一幅《茄子与大尖头蝗》

这幅画就像这些事物所象征的意义一样，期盼着多种多样的福禄，因此很多女性都会把它当作刺绣的样本，而这幅画也成为了准备嫁妆时的首选绣样。

民间流传着野草莓有壮阳作用，因此，应该看作是多产的象征。

第二幅《西瓜与田鼠》中，出现了西瓜、田鼠、石竹、蝴蝶、飞蛾等事物。两只田鼠啃食西瓜的模样非常有趣。而西瓜和田鼠，也象征着多产。

第三幅《蜀葵与青蛙》，由飞舞的蝴蝶、落在蜀葵花上的蝉、向上起跳的青蛙所组成。据说蜀葵具有忘记忧愁、解闷开心的意思。蝉具有五种品德[1]，所以东洋的学者们把它看作是君子的象征。据说为了记住这些美好的品德，在臣子的官帽上，会贴上蝉翼。

第四幅《野苏叶与螳螂》，出现了水蓼、喇叭花、蜻蜓、蜜蜂、螳螂等事物。蜻蜓绕着水蓼飞舞，螳螂则瞄着蜜蜂在地上爬行。

螳螂虽然在漫画或者其他画中很难见到，但是却经常出现在草

1 蝉的五种品德如下：（1）蝉那笔直的嘴型，像极了书生斗笠上的带子，此为有学问；（2）蝉只食露水，此为清廉；（3）习性顺应季节的更替，比为有信义；（4）不啃食人们所种的庄稼，此为有廉耻；（5）没有固定的住所，生活在树荫下，此为简朴。

—— 第二幅《西瓜与田鼠》

第三幅《蜀葵与青蛙》

虫图中。螳螂为了妻子和子女，在交尾后就会死去，因此象征着父爱，不过，同时也意味着贪欲。如果把蜜蜂比喻为诚实忠诚的臣子，那么，螳螂也许就象征着贪得无厌的官吏。

第五幅《鸡冠花与屎壳郎》，有鸡冠花、野菊花、蝴蝶、屎壳郎等事物。能看到，有三只屎壳郎正在专心干活，而成群的蝴蝶则在鸡冠花周围飞舞。鸡冠花的花与公鸡的鸡冠相似，故而得名。鸡在朝鲜时代，象征着立志于做学问和光宗耀祖的书生。

第六幅《忘忧草与青蛙》，有忘忧草、桔梗、蝴蝶、蜜蜂、蜻蜓、青蛙、蚂蚱等事物。蝴蝶和蜻蜓在忘忧草和桔梗周围盘旋。比起在地上爬的蚂蚱，青蛙好像更关心天上飞的蝴蝶。蜻蜓和蚂蚱均意味着子孙繁盛。

第七幅《罂粟与爬墙虎》，出现了罂粟、石竹、紫鸭跖草、爬墙虎、甲虫等事物。爬墙虎的象征意义与蛇或龙相同，被认为是具有智慧、能预言、能占卜吉凶的动物。

甲虫，正如前面所提到的，可以看作是科举中第的象征。罂粟花的果实长得像坛子，里面有很多小米大小的籽，因此象征着多产。

第八幅《黄瓜与青蛙》，画有青蛙、蝼蛄、蜜蜂、黄瓜、狗尾草等事物。黄瓜，瓜长藤多，寄托着子孙像黄瓜一样茁壮成长并世代繁盛的期望。

蝼蛄具有能飞、能荡、能爬、能过、能挖地这五种本事，但是哪一项都不精通。所以，蝼蛄的象征含义是有才能但不熟练。

第四幅《野苏叶与螳螂》

青蛙是从蝌蚪长大的，因此被看作是变化与成长的象征，不仅如此，青蛙一次性能产很多卵，自然也就意味着多产多子。

蜜蜂是勤奋和节俭的代名词，士大夫们盛赞蜜蜂为讲诚信、讲义气的动物。尤其是被认为，具有将一切都献给大王的作为臣子的忠诚。

可是，在师任堂的八幅草虫图中，出现次数最多的是蝴蝶。这其中，是不是还有其他的寓意呢？

蝴蝶，除了前面所提到的象征着长寿的喜悦、子孙繁盛的喜悦之外，还有另一层含义。庄子的《齐物论》记载着“庄周梦蝶”的故事。庄子在梦中梦见自己变成了一只蝴蝶，翩翩飞舞，醒来后，却分不清究竟自己是蝴蝶，亦或者蝴蝶是自己。像这样，从万物都是一体的齐物论的角度看，分清善与恶、美与丑、我和你的差别是没有意义的，应该毫无区别地对待世间万物。

在师任堂的八幅屏风画中，竟然有五幅出现了蝴蝶，这也许正是她在无意识中表现出来的庄子的“齐物论”思想。另一方面，蝴蝶又表示夫妻感情。为丈夫操心一辈子的师任堂，也有可能是想通过蝴蝶来表达自己的欲望。

还有，就像从毛毛虫到茧再蜕变成华丽的蝴蝶一样，她是不是也希望能像庄子梦中那样，成为一只蝴蝶，自由地飞翔呢？这或许也寄托了她没有托生为男子的一种悲愿吧！

师任堂喜欢画的草虫图，一开始是出现在高丽青瓷的花纹中，后来到了朝鲜时代初期，姜希颜（1419—1464）将这些搬到了绘画

——第五幅《鸡冠花与屎壳郎》

中。有记载显示，这个时期就已经开始以茄子、香瓜、西瓜等为素材进行绘画了，但却没有作品流传下来。因此，在所有的朝鲜士大夫、文人、画家中，师任堂被称为草虫图第一人。

另一方面，师任堂在画草虫图时，能够准确把握自然的本性，按照自然之态忠实地加以描绘。对素材的描绘不受既定条框的束缚，表现得既写实又生动，从而体现了一种朴实的美。

根据安辉濬的说明，草虫图中的色彩与我们传统的色感是一致的。虽不够华丽，但却不失优雅与温和。草虫图中的色彩美，与彩缎或佩饰等服装首饰的配色是一致的。

人们对师任堂草虫图的线条是这样评价的：以女性化的笔触展现了韩国特有的美。对一株草、一只昆虫，均用女性的眼光进行了仔细的观察，由此可以看出，她对社会的观察是相当有深度的。她看到草与花、爬行的昆虫、飞舞的动物在同一个空间生存的景象，从而联想到人类其实也只是生活在这个空间的一分子而已，与其他生物并没有什么本质的区别。

因此，她才会用爬墙虎、螳螂、蚂蚁等微小的生物做素材，并在绘画时，赋予它们与生态相一致的象征意义。

换句话说，师任堂的草虫图是她顺应自然的精神和尊重生命的价值观的体现，而这样的价值观就是以孔子、孟子所倡导的“仁”为出发点的。根据《孟子》，“仁”是做人的根本，是人类应该追求的道路。而师任堂的这种仁心，通过草虫图充分地表现了出来。

在韩国人的美学意识中，经常被提及的应该就是自然美。自然美与朴素、单纯之美相通。一般来说，大家都认为这种朴素、单纯

第六幅《忘忧草与青蛙》

第七幅《罂粟与爬墙虎》

之美通过草虫图很好地体现了出来。也可以说，这如实地体现了师任堂所追求的内在美。

师任堂借助绘画，
表达未能托生为男子的遗憾

在16世纪，师任堂是以画山水画和葡萄画而闻名的。流传至今的作品中，虽然山水画只有两幅，但葡萄画倒是有好几幅，而且还有一些其他素材的画。被世人广泛认可的葡萄画中，还有着下面这样一段逸事。

> 有一次，师任堂受邀去参加婚礼，结果看见一位夫人正因为穿着的绸缎裙子被溅到污水而着急发愁。原来夫人家境贫穷，那条裙子是借来的。
>
> 就在这时，师任堂让那位夫人把裙子脱下来，随后就在裙子上画起了画。不一会儿，裙子上的水渍就变成了诱人的葡萄，或者是新鲜的葡萄叶。围观的人们不禁惊叹。画完画，师任堂对那位夫人说，如果拿到市场上去卖，应该会赚到买新裙子的钱。当时，师任堂的绘画已为世人所

第八幅《黄瓜与青蛙》

称颂，所以有许多人想要买这条裙子。

最终，那位夫人将师任堂画过画的裙子卖出，得到了几倍于绸缎裙子价钱的钱。她买了新的绸缎裙子还给主人，并把剩下的钱给师任堂送了过来。师任堂却让夫人补贴家用，并没有接受那笔钱。

这则逸事足以证明师任堂的葡萄画有多出众，同时也表现了她仁慈正直的品德。

在首尔大博物馆收藏的师任堂的画中，有一幅《鹭莲图》，上面画有莲藕和两只白鹭，还有漂浮着的紫萍。两只白鹭象征着夫妻，寄托了白头偕老之意。紫萍则代表多产。

因为莲花是在淤泥中开花结果，所以在佛教中，也表示在无明中有所感悟，时刻保持纯洁本性。还有，莲子经历千年之久，却依旧可以发芽开花，因此象征着不生不灭。

宋朝的周敦颐（1017—1073）赞美莲花出淤泥而不染，并称颂其为“花中君子者也”。

莲花在民画中因其花与果同时生长成熟的特性，被认为是子孙繁盛的象征。莲藕意味着多产，白鹭则代表着清贫书生的高尚人格。

尤其是将白鹭和莲花画在一起的《一路连科图》，更是淋漓尽致地体现了人们期盼一次就通过小科和大科，连中两科的美好愿望。因为“一鹭”与“一路”同音，莲藕即莲颗与“连科”同音。

《鹡鸰鸟》是师任堂为盼望子孙们能够和睦相处而画的画。正因为遵照了母亲这样的愿望，栗谷后来才会与兄弟亲属共计一百多

《鹭莲图》。画有莲藕、两只白鹭，以及漂浮着的紫萍。两只白鹭象征着夫妻，寄托了白头偕老之意。紫萍则代表多产。

人共同生活。

鹡鸰鸟[1]在朝鲜时代经常用来代表兄弟之间的情谊。鹡鸰鸟是身长约为15—20cm的小鸟，但是如果有人或者其他动物想接近它，它就会急速升高并发出鸣叫声，在飞翔时以晃动身子的方式告诉同伴们有危险。因此，古代的中国人认为鹡鸰鸟是对家庭，尤其是在兄弟有难时，愿意为兄弟两肋插刀的极为忠诚的鸟。

在师任堂的作品中，最引人注目的当属《水牛》。在儒教中，

1 《诗经·鹿鸣之什》第四篇中有一句“脊令在原”，这里所出现的脊令，指的就是鹡鸰鸟。“脊令在原，兄弟急难。每有良朋，况也永叹”意思是说，鹡鸰鸟出现，就意味着兄弟会面临苦难，这种时候，除了兄弟之间能够互相帮忙，又能指望谁呢？

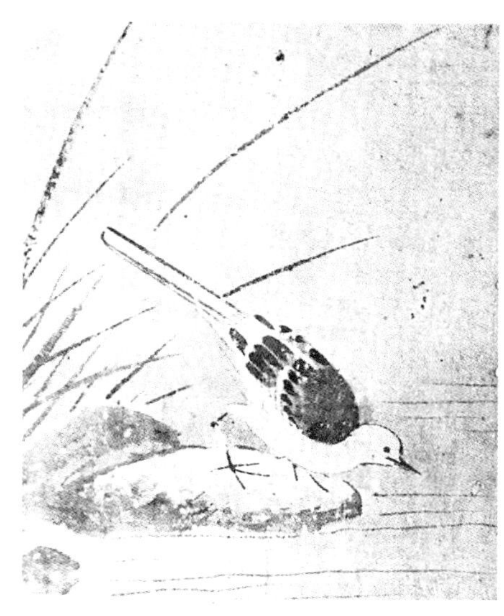

《鹡鸰鸟》。鹡鸰鸟站在水边的样子栩栩如生。这幅画表达了师任堂盼望子孙能够和睦相处的美好愿望。

牛象征着义。《三纲行实图》的《义牛图》中，就收录着跟老虎打斗救出主人后死去的牛的故事；在道教中，牛是无为自然的象征；而佛教中则有《寻牛图》，用寻找牛的过程来象征寻找大彻大悟的过程。

师任堂的教育哲学中特别强调的部分就是“义”，联想到此，就能更好地理解她画牛的意义了。

师任堂的另一幅作品《水鸟》中所画的水鸟，在佛教中象征着无涯、解脱，并代表达到心无所恋、抛开一切烦恼的境界。

师任堂的丈夫经常读佛经，据此可以推测，师任堂也具有一定的佛教知识。据传，师任堂去世后，栗谷隐居到金刚山出家为僧也是因为受到了这方面的影响。

观察师任堂的草虫图，不难发现，她的绘画素材大部分都是象

师任堂的《水牛》（左）与《水鸟》（右）

征子孙繁盛、有生命力，还有义气和忠诚的花草和昆虫。其中象征夫妻琴瑟的素材更是必不可少的，《双禽图》就是个很好的例子。

同时，在师任堂的画中，出现次数比较多的昆虫是蝴蝶与蜻蜓。虽然蝴蝶和蜻蜓确实是随处可见的昆虫，但师任堂如此喜欢用这两个昆虫画画，一定是有其道理的。

也许，象征着夫妻恩爱与子孙繁盛的蝴蝶和蜻蜓，早已不知不觉地烙印在了她的潜意识中。如果作另一种解释的话，蝴蝶和蜻蜓能够自由飞翔，这或许正是她向往自由的一种体现。

师任堂婚后育有7个子女，但也有长时间与丈夫分居两地的日子，又因丈夫另有妾室，所以她这一辈子胸口上永远像是压了一块大石头，痛苦并煎熬着。

师任堂的《双禽图》

师任堂父母双方的家庭都是无可挑剔的名门望族，她在充满书香的环境中长大，天赋又如此出众，在学问、艺术、修养等方面，均表现出色，可谓是真正的女中君子。

师任堂天生性情温柔慈祥，是喜怒哀乐极为敏感的艺术家，是一位情感既丰富又细腻的女人。因此，丈夫对她所造成的伤害是不言而喻的。但师任堂却将自己痛苦的现实，通过书画升华为艺术，像"无角的犀牛"一样，默默走着自己的路。

师任堂所走过的人生道路，就像是在沙漠中跋涉的求道者所走过的道路。而她的一生，则像是在冷霜中绽放的菊花。

朝鲜时代是禁止女性活动的时代，对女性来说，家庭的存在也许更像是监狱。尤其是那些学问突出的女知识分子，经常因不能施展自己的才华而感到遗憾。

这一点在许兰雪轩、任允挚堂、师朱堂李氏、凭虚阁李氏、金锦园等女性的文字中，均有所体现。虽然在师任堂的文字中，并没有直接地表达这些内容，但通过她的书法或草虫图，也同样能够感受到她因自己没能托生为男子而遗憾。师任堂画幅中所出现的蝴蝶和蜻蜓，代表的是她甚感遗憾的内心。

书法方面，
师任堂广泛涉猎各种字体

"诗中有画，画中有诗。"

以《赤壁赋》而闻名的中国宋朝最著名的诗人苏轼（1036—1101）的这句话，也适用于朝鲜的士大夫。作诗、写字、绘画，即诗书画，是朝鲜士大夫们的必修科目，他们也把此当作是提升修养的捷径。

诗书画通常也被称作"三绝"。这种称呼来自于中国的"诗书

画一体论”，因为书法和绘画都要用到毛笔，因此这两者的笔法也被认为是相通的。所以，诗书画三绝是文人们的理想，也被认为是道德修养在艺术方面的具体体现。

朝鲜时代初期，盛行的书法是高丽末期流入朝鲜的松雪体[1]。人们普遍认为“松雪体第一人”是世宗大王的第三子安平大君。诗书画全能的安平大君，在使用松雪体时能够充分发挥自己的个性，体现出他独特的风格。为安坚的画作《梦游桃源图》所题的跋文，便是他的代表作。

唐太宗从不直接录用考中科举之人，而是以“身言书判”为标准选拔官吏。“身言书判”中，“身”指外貌，也就是身形所表现出的一种气质；“言”指口才；“书”指的是笔体。录用官吏都要以笔体为标准，可见在当时书写有多受重视，因为笔体能够体现一个人的人格。“判”指判断力。

书圣王羲之[2]也曾说过，“书法是种深奥的技艺，如果不是学识渊博或胸怀大志之人，是绝对无法学成的”。从“字如其人”的观点出发，书法非常重视道德层面的人格修养与高深的学问。

研究师任堂的书画，我们可以得知，她以渊博的知识为基础，

1 松雪体是赵孟頫（1254—1322）所创的字体，是指在王羲之书体的基础上，笔法更加苍劲有力、结构更加精密、线条更加流畅的字体。因赵孟頫的书室名为松雪而得名。

2 王羲之（307—365），中国东晋时期的书法家，被称为中国书法第一人。擅长楷书、行书、草书等字体，被认为是将书法升华为艺术的关键人物。

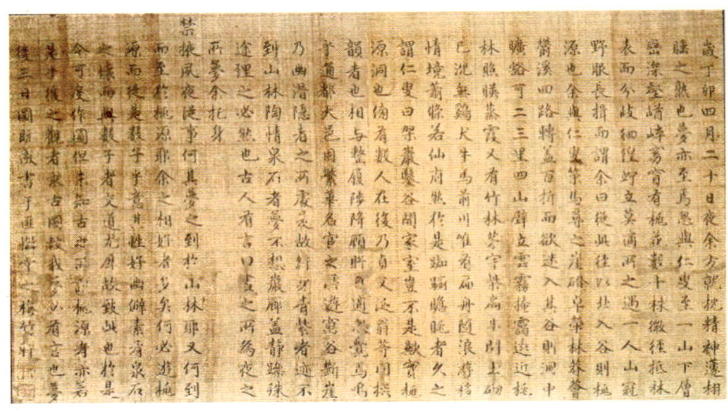

安平大君《梦游桃源图跋文》

将自己在日常生活中所积累的经验，浓缩在了画幅里。她一辈子都在努力实践着自己所追求的君子之德，书画亦是她表达这种内在信仰的一种手段。

师任堂的作品，总体上不造作、朴素，体现了高尚优雅之美，这应该是她借助性理学加强了自身的修养而得到的结果。

朝鲜的士大夫把书画当作是提升修养的手段。因此，他们在积累学问的过程中，为使学问内化而作诗、写字、绘画。

金正喜（1786—1856）说“心中有万卷书，学问才能自然溢出并成为诗和画”，由此也能够看出学问与诗书画的关系。

士大夫们重视诗书画，但是比起技巧，更主张靠人格修养来作画、写字。因此在欣赏一幅画时，比起画的表象，他们更重视观察蕴含在画里的作者的内心世界。

从这种意义上来说，师任堂的作品用一句话概括就是“文字香，书卷气”。“文字香，书卷气”的意思是，读万卷书，并不断

吴世昌所写的“文字香，书卷气”

加强修养的话，身体自然就会散发出书的气息和文字的香气。

师任堂之所以能够在诗书画方面展现出杰出的才能，她的家庭背景也起到了至关重要的作用。师任堂的母亲李氏夫人的外祖父是江陵崔氏家族的崔应贤，崔应贤的孙子是崔寿城（请参照43页族谱图）。崔寿城是师任堂的母亲李氏夫人的姑表兄弟。比师任堂年长13岁的崔寿城是金宏弼的门生，与赵光祖为同门师兄弟。

崔寿城学问品德出众、性情刚直，因南衮（1471—1527）的诬告，35岁时被判处死刑。崔寿城与师任堂的父亲申命和昰为姻亲，但同样是性情刚直的两人在喜好、学问等方面有着许多共同点，因此交往也比较密切。

据传，师任堂的绘画是临摹了安坚的画，但是却没有任何文献记载过，她的书法究竟是受到了谁的影响。只能是根据崔寿城擅长

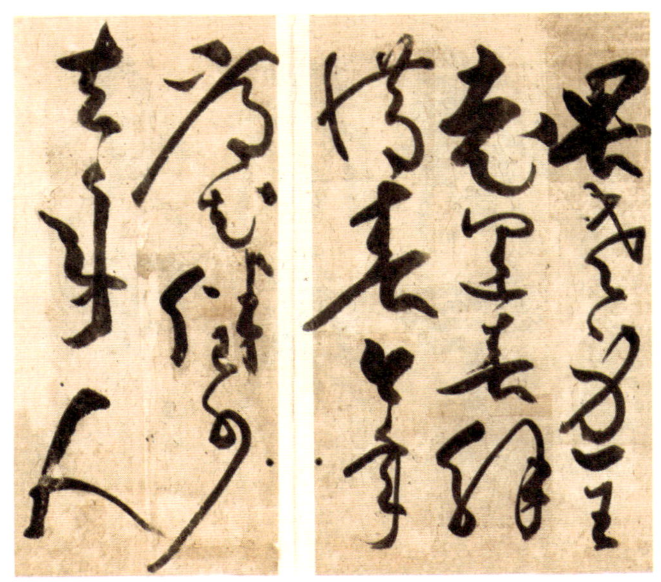

被称为朝鲜时代“草书第一人”的黄耆老的草书

王羲之书体这一事实来推测，师任堂受到他的影响的可能性会大一些。而且，师任堂的父亲也有可能拜托过崔寿城去搞来一些书籍与字帖，并请他赐教一二。

在师任堂所生活的时代，中国明朝的草书风传入朝鲜，申潜、金麟厚、黄耆老、杨士彦等人均为当时著名的书法家。黄耆老同时也是师任堂的小儿子玉山李瑀的丈人。

师任堂的字体，与当时的草书体具有完全不同的风格。还有长女梅窓、小儿子李瑀、李瑀的女儿碧梧夫人李氏，经过三代人形成了独有的画风，还影响到了后世的画家韩石峰。

师任堂的书法，应该是受到了当时流行的王羲之书体的影响。

书体一般分为篆书[1]、隶书、楷书[2]、行书[3]、草书[4]等五种。师任堂的作品流传至今的有篆书七幅，楷行书一幅，草书屏风六幅。

师任堂写篆书，旁证了她具有深厚的文字学知识。有评论说，师任堂篆书的点与笔划中有一种纯洁、优雅的气韵。

师任堂的楷行书，流传下来的只有一幅。全文以楷书为主，但又给人以行书的感觉，所以被称为楷行书。人们评论道：忠实于王羲之字体和古代规范的师任堂的楷行书，在端庄、节制中追求着美与和谐。

师任堂的草书屏风由六面写有唐代诗人的五言绝句的屏面所组成。评论说，师任堂的草书，笔划连续不间断，自然，笔体有弹力，有连续性。现代书法家则评论师任堂的书法具有“松雪风体端庄的风貌”“有名门之风”。

1869年，江陵府使尹宗义（1805—1886）临摹了《草书唐诗五绝六首》，并将其制成版木加以印刷，这一举动成为师任堂的书法

1 篆书与隶书，作为秦汉时期广为使用的书体，以为占卜吉凶而刻于乌龟壳上的甲骨文为代表。此字体给人一种厚重稳定的感觉。碑石的序文部分，一般均采用篆书字体。

2 楷书是众多书体中，最完整的流传至后世的书体。起源于汉朝，经过魏晋南北朝时期的发展，在隋唐初期逐渐趋于完善。它将扁平的字体演化为了正方形字体。

3 行书是将隶书写得稍微随意点的书体，颇具艺术性，是古代书法的核心，因此受到人们的重视。

4 草书是在其他书体变化发展的过程中，演化出的将两个以上的字连接起来的书体。此书体重视笔画连绵，运笔流畅。

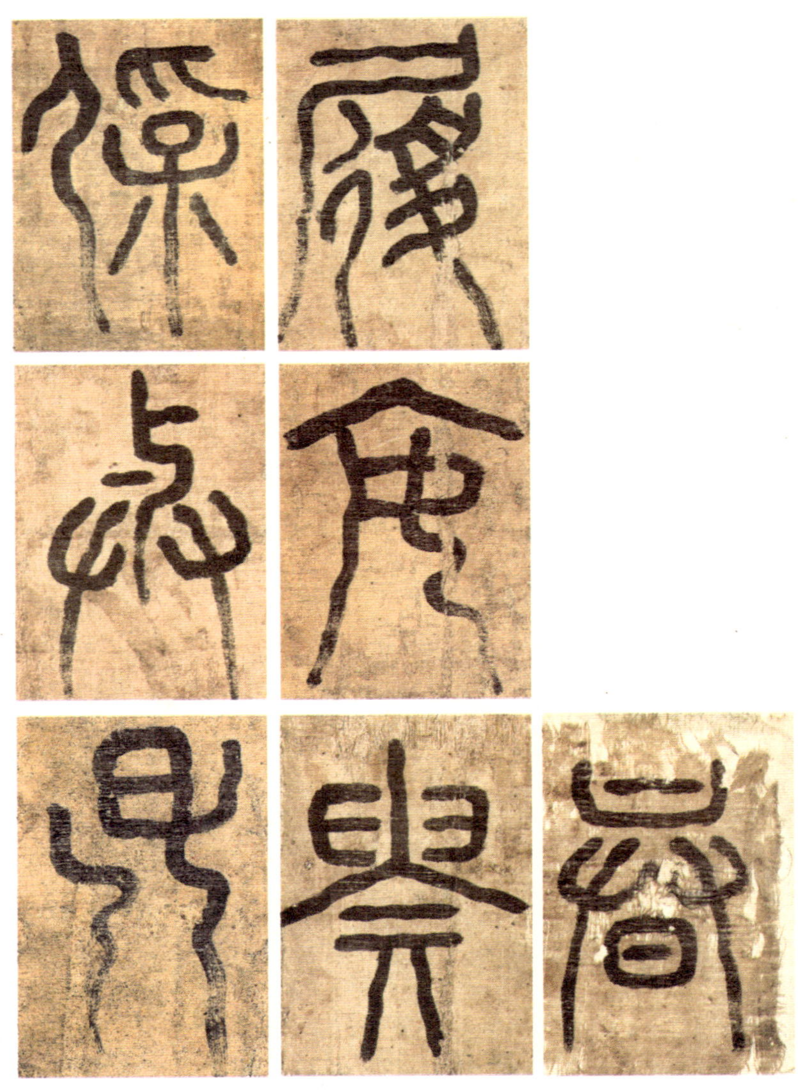

师任堂的七幅篆书字体。从左上角开始，依次为保、履、与、安、昕、贵、春。

广为人知的契机。版文的背面刻有尹宗义的跋文。

> 这幅字，悠闲之气萦绕其间，笔体刚直，字迹清雅，更令人敬仰夫人以太任为师之举。啊！从渊翁（金昌翕）的诗句“正是因为这样的母亲，才能生养这样的儿子”也能看出，他因心生尊敬而由衷赞叹师任堂的品德。人怎么能没有母亲呢？只因自己不能像先生那样光宗耀祖使父母受人敬仰而感到羞耻。

尹宗义看着师任堂的字迹，特意强调师任堂是大学者栗谷的母亲，这对于精通经典和礼学的尹宗义来说，是再自然不过的事情。但是他通过师任堂的字，能够谈论到周文王的母亲太任的品德，却是因为师任堂的品德体现在了她的书法中。

在师任堂死后的460年里，她真实的面目一直不为人所知，随着时代背景的变迁，人们对师任堂的评价时而歪曲，时而美化。而她的草书屏风，就像她本人一样，在经历了种种磨难与误解后，终于在今天重新为人们所认识。

在师任堂去世后，这套屏风先归为四妹妹的儿子权处均所有，后来权处均的女儿与崔大海成婚，这套屏风也随之成了崔家的家宝。曾一度被邻近城邑的人施计骗走，后出任江陵府使的李亨逵（1733—1789）将其精密版刻并加以保管。但就在那一年，保管屏风的崔家发生了一场大火，屏风也差一点被烧毁，当时是80岁高龄的崔氏夫人冲进火场救出了这套六幅屏风，但就在她再次冲进火场，试图救出装有栗谷字迹的柜子时，晕倒在里面并就此去世了。

师任堂的草书对小儿子李瑀、白光勋、韓濩等16世纪中后期和17世纪初的草书名家们产生了一定的影响，甚至还有人称他们为“师任堂书派”。

韩濩（1543—1605），号石峰。他每次跟随使团去中国的明朝，在宴会场上都会用特有的精巧笔法挥毫泼墨，从而赢得了“东方名笔”的称号，明朝的高官贵族们也常将他与王羲之相提并论。他是栗谷的好友崔岦的姑表亲，并且他与栗谷也有很深的交往。从这一点来推测，他的草书也极有可能是受到了师任堂草书风格的影响。

长女梅窗被世人称为“小师任堂”

师任堂共养育了四男三女。如果说三儿子栗谷继承了母亲的君子风貌与聪颖，那么，继承了师任堂艺术才能的子女又会是谁呢？师任堂的子女中，完完全全地继承了母亲艺术才能的，是长女梅窗和小儿子李瑀。

关于梅窗的记录，有三处可见，首先出现在郑弘溟（1582—

1650）的《奇岩杂录》中。郑弘溟是以《思美人曲》《关东别曲》而闻名的松江郑澈的儿子，同时也是栗谷的挚友。

> 栗谷出任朝廷命官之后，一旦国家发生了重大事情，便会询问姐姐的意见。癸未年北方叛乱之时，栗谷时任兵曹判书，为军粮短缺之事很是烦忧，就在这时，姐妇建议道："当务之急，一定要洞察人心所向之处，只有顺应民意，才能事半功倍。有才能的庶孽已被废锢上百年之久，心中都怀有怨愤。如果此时他们肯上缴粮食，朝廷便准予他们参加科考，那军粮定能立刻筹集上来。"栗谷听完，甚是叹服，并即刻施行了这一政策。[1]

栗谷于1583年（宣祖十六年）被任命为兵曹判书。那年阴历二月，为了加强国防，他上奏了《事务六条》，其中有一条是废除庶孽制度，不论出身，贱民和奴婢中，有能力的人都可以公平地被朝廷录用，让他们共同承担国家事务。

这份奏折后来通过《纳米许通[2]法》得以实施。但是，庶孽的文科应试，直到200年后的正祖大王时才真正得以实行。

1 引自郑弘溟《奇岩杂录》。

2 纳米许通是栗谷针对庶孽所执行的政策，即庶孽如果上交了可用于北方边境的粮食，那么就给予他们参加文科考试的资格。

大学者栗谷都要向梅窗讨教，而讨教的内容甚至是有关国家政策的制定，可见梅窗拥有多么卓越的见解，然而她的文章却没有流传下来，实在是件遗憾的事情。

第二次是在平山申氏墨斋申命圭（1618—1688）所做的梅窗的夫君赵大南的墓志铭中，有一段关于梅窗的内容。

> 女士（梅窗）能够通过经典和《史记》感悟道理，因此栗谷每当有大大小小疑惑之事，便会到女士处咨询。

第三次是出现在玉山的第八代孙李曙（1752—1809）写的《家传书画跋》中。这篇文章是将玉山的画、梅窗的诗画收录在一起的书画册的跋文。

> ……梅窗乃女中君子。从小遵照母亲的教诲，遵守女子的规范，她的能力和学识又比一般人突出，是个具有高深智慧的女子。世间也都在流传……最近偶尔翻阅先祖的文集，看到数百年前的笔迹，其诗歌韵味雅致，手法精巧，真可谓“有其母必有其女”……

梅窗所流传下来的作品共有六幅，其中两幅是梅花，剩下的四幅是画了四季景象的《四季水墨花鸟图》。

朝鲜时代的士大夫们画画的素材是四君子。他们认为梅花、兰草、菊花、竹子，就如同兼备了人品和学识的君子一样，故称为四

师任堂所画的《古梅册》8幅中的1幅。追求“女中君子”的师任堂所画的这幅“花中君子”梅花，也许正是她的宿命所在。朝鲜时代的女性中，流传下来梅花图的也只有师任堂与其长女梅窗。

梅窓的《月梅图》。如果说三儿子栗谷继承了母亲师任堂的聪慧，那么长女梅窓则完全继承了母亲的品德与艺术才能。

梅窓的《四季水墨花鸟图》。第一幅《喜鹊》（左），第二幅《喜鹊与竹子》（右）。这幅画中四季的变化尤为明显，尤其是第二幅中的竹子，令人印象深刻。竹子姿态笔直，放空内心，因此也被称为“花中四君子”之一。由此可见，梅窓继承了母亲师任堂力求成为“女中君子”的志向。

君子。

通常，“梅兰菊竹”象征着儒教所崇尚的道德价值。其中，更是将在早春寒冷时节中开花的梅花，称为“好文木”。“好文木”这个名称的来历很有趣。据传，中国晋武帝喜好文章，每当专心学习的时候，就会有梅花开放，但如果学习态度不认真，梅花就不会开放。

梅花在四君子中最像书生，因此人们认为它具有君子之德。因为，梅花于枯枝间开放的刚直更加凸显了它的香气与纯洁，这一点与隐士的精神如此相同，不禁让人联想到了超凡脱俗的书生。

正如“梅花一生寒不卖香”的诗句，朝鲜时代中期的梅花图重视梅花树的枝杈形态，或许这代表着人们，在经历了接二连三的士

梅窗的《四季水墨花鸟图》第三幅《月色与大雁》（左）与第四幅《雪景与鸟》（右）

祸与政治斗争后，仍希望能够坚守节操的愿望吧。

以喜爱梅花而著称的退溪李滉，辞去官职之后一心钻研学问，培养后生学子，是在朝鲜留下有关梅花的诗句最多的人。就如同他在《退溪梅花诗帖》中所写的“梅花品性高洁，不肯与世俗花草争芳斗艳，只在那高远孤洁之地傲然微笑”，他视梅花为高洁之物，并将梅花的精神当作是书生理应去追求的一种精神。

师任堂画梅花图，将长女的名字取为梅窗，还有梅窗画梅花图，这些都与梅花的象征意义——“隐士”，有着密不可分的关系。

梅窗的四幅《四季水墨花鸟图》鲜明地描绘了四季的变化，其中四君子中的竹子尤为突出。竹子象征着书生的秉性耿直。竹子的内心是空的，这与君子以正直做人、放空内心为追求的品德也是相一致的。

中国宋朝诗人苏轼（苏东坡）对竹子的喜爱也是非常出名的。苏东坡还曾写下诗句“可使食无肉，不可居无竹。无肉令人瘦，无竹令人俗”，以此来表达他将竹子视为知己的感情。梅窓画竹子，应该也是包含了这层含义的。

从诗歌、书画到玄琴，小儿子李瑀无不擅长

“在芝麻上写过‘龟’字，甚至还将黄豆劈成两半，在其中一半上写过五言绝句。”这是宋时烈赞美玉山李瑀的一句话。玉山不仅在文章、书法和绘画方面展现出杰出的才能，在玄琴方面更是有一家之见，故被人们称为“四绝”。他的行状是由宋时烈所编写的，其内容是玉山擅长诗书画琴，大王宣祖爱其才能，经常有所赏赐，可见他的人品也是相当出众的。

> 栗谷先生有一兄弟，名瑀，字季献，号玉山。早年在陵南善山居住，被善山人称颂为“四绝”，意思是说，他的玄琴、书法、诗和画都很出众。
>
> ……宣祖大王爱其才，赏赐了草结（写草书的秘笈）

和亲笔书写的百韵，此外还有许多赏赐之物。

但是，四绝并不能体现他的全部人品，因此栗谷先生也没有赞美他的才能，而是赞美他的品德，说道："如果我弟做了学问，那么我一定不及他。"[1]

这段记录讲的是，在朝鲜王朝历代君王中书法最好的宣祖将《草诀百韵歌》赏赐给了李瑀。草诀百韵是用100个韵，将容易混淆的字用草书区别开来的歌，是草书入门者的必读书籍。

在玉山11岁那一年，母亲去世了。他便与年长5岁的三哥栗谷一起度过了三年守墓尽孝的日子，后来他也尽心奉养了庶母权氏。他用心掌握了母亲的书画技巧，并以兄长的学识为榜样，同西厓柳成龙、崔岦、黄允吉等人有着密切的来往。他历任司宪部监察、比安县监、古阜和槐山郡守，1605年除授为军资监正，但因病没有就职。辞官后，他继承了丈人黄耆老遗下的事业，成为了洛东江边梅鹤亭的主人。

虽然兄长栗谷和丈人黄耆老也向他传授了学问和书法，但是给他影响最大的人，还是母亲师任堂。

他生活的时代，是祸乱持续不断的年代。但是，因为自朝鲜开国以来便与中国的明朝有着文化物质的交流，所以朝鲜境内流入了很多明朝的书籍，书法与绘画也逐渐发展起来。书法从以王羲之体为基础的松雪体逐步转变为韩石峰体，而韩石峰体也从宫廷至民间

1 引自宋时烈《玉山先生李公墓碣文》。

师任堂的小儿子玉山李瑀所写的玉山书屏。年仅15岁的玉山，在这面屏风上写下了陶渊明的《归去来兮辞》。从诗句的选择上，我们可以看出少年因丧母而悲痛的内心。

广为流行。

这个时期，出现了很多草书名笔，以杨士彦、金麟厚、黄耆老等人尤为著名。据说明宗曾称赞黄耆老的字是“天下草圣，王羲之后第一人”，也因此，每天都有数十人想要求得黄耆老的笔墨。

玉山的书法代表作品是《归去来兮辞草书屏风》，这幅屏风的内容是陶渊明（365—427）的《归去来兮辞》[1]，是玉山在15岁，也就是1556年3月，模仿母亲师任堂的字体所书写的。后人评论这

1 师任堂的小儿子玉山李瑀所写的玉山书屏。年仅15岁的玉山，在这面屏风上写下了陶渊明的《归去来兮辞》。从诗句的选择上，我们可以看出少年因丧母而悲痛的内心。

幅屏风上的字“好似龙跃天门，虎踞凤阁，鹤游天庭”。

玉山的书法固然出众，但是他在年仅15岁时就能书写《归去来兮辞》，这着实令人吃惊。

陶渊明在41岁时愤慨地说“我不愿为五斗米折腰向乡里小儿”，之后便挂冠去职，表明他要回到故乡从事耕种，在大自然中无欲无求地生活，《归去来兮辞》正是在这种情况下写就的一篇文章。如果玉山写这幅屏风时是41岁，那倒还可以理解，但对于15岁的少年来说，比起希望回到大自然中过一种无欲而朴素的日子，倒是立下青云之梦，因此而发奋学习希望通过考中科举来光宗耀祖，才更符合他的年龄。

在玉山11岁时，母亲师任堂去世，想必他所受到的打击并不比栗谷小。但是，我们可以充分理解他作出这样一个选择的理由。对玉山来说，年幼丧母就如同天塌了一样。因为，师任堂对于他们兄弟来说，不仅仅是母亲，更是老师和精神支柱。

可是，三年的守墓生活结束后，连相依为命的兄长栗谷也离家出走去了金刚山，幼小的玉山再一次失去了依靠。上述的种种事情，也许正是玉山选择《归去来兮辞》的缘由。

玉山与当时最著名的草书名笔黄耆老的独生女结为夫妻，从此他的书法开始兼容了丈人的风格。黄耆老是这样高度评价女婿的书法的：“书法的硬气胜过我，然而美观上却略逊于我，只要稍加工夫加以修炼，定是我不可企及的。”

玉山在绘画方面也展现了突出的才能。他的绘画秉承了母亲的风格，以草虫、四君子、葡萄等为主要的绘画素材。玉山的《墨兰图》，以浓淡变化自如的笔法，笔触流畅地画出了兰草，在画中，兰草的叶子虽然突然改变了伸展方向，但却没有中断而是远远地伸展了出去。这种画法，遵循了中国元朝和明朝的绘画传统，并且，据传朝鲜时代中期的墨兰图基本上采用的都是这种画法。而玉山正是在朝鲜时代中期创作了他的墨兰图，因此这幅作品在绘画史上，有着划时代的意义。

玉山也擅长画葡萄画。他不仅受到了母亲师任堂的影响，而且在被称为葡萄画第一人的黄执中的画法中加入了自己独创的技法。在玉山之后，作为葡萄画大作的李继祜的《墨葡萄》，也可以说是在这样的传统画法的基础上，加以完成的。葡萄象征着受胎与多产，葡萄的藤蔓长得像龙的胡须，因此也具有孕育大人物或者辟邪的意思。又因为葡萄不管土地是贫瘠还是肥沃，都能很好地生长，在寒冷的冬季也不会冻死，所以也象征着坚韧的生命力。

在朝鲜时代中期的绘画领域中，必须加以强调的一点是：水墨葡萄画得到了前所未有的发展。这是因为，人们从葡萄的形态联想到了多产、富饶和富贵多男。

在朝鲜，据说葡萄作为文人画的一员，最早开始被画家用于绘画素材，是从朝鲜时代初期被称为“士大夫画家”的姜希颜开始的，但是他没有流传下来的作品。因此，人们也把师任堂的墨葡萄，当作朝鲜最早的墨葡萄画。

我们来看一看关于师任堂和玉山的墨葡萄的解说。

师任堂的葡萄画，沿着中心线画了葡萄藤，并在下端

朝鲜时代中期的葡萄画第一人黄执中所画的《墨葡萄》（左）与李珥的《墨葡萄》（右）

分布了葡萄叶与葡萄粒，整体结构稳定紧凑。以淡墨描绘了将部分葡萄粒遮挡住的茂密的葡萄叶，再以锐利的笔锋、浓重的墨色来勾勒叶脉。叶脉的曲线柔和，更好地体现了葡萄叶的立体感。同时，每颗葡萄粒那恰到好处的浓淡变化，使得人们能够更好地区分还未成熟的葡萄粒和已然熟透的葡萄粒。运笔也非常符合整幅画稳定的结构，看似慵懒的笔势，很好地体现了葡萄画独有的柔和安静的韵味。[1]

1 引自郑乡乔（乌竹轩市立博物馆前馆长）的解说。

此外，有评价认为玉山的墨葡萄，比黄执中的墨葡萄更富有表现力。

> 整体的结构与描绘手法，与母亲（师任堂）的葡萄图大致相似，但以之字形延伸开的葡萄藤，比母亲的作品，更加突出了变化感与律动感。另外，藤条与枝叶间的浓淡对比、快而有力的运笔，更是将整幅画的气势带入了高潮。因为有圆润的葡萄粒与柔软的葡萄藤，所以葡萄的姿态很容易被人们描绘为柔美，但这幅画中的葡萄就好像墨竹或墨梅一样，清新却不失刚直，这令整幅画的美感再一次得到了升华。将葡萄藤描绘得瘦瘠，是为了表达清廉之意；将结节描绘得刚硬，是为了表达刚直之意；将枝叶描绘得比较柔弱，是为了表达谦逊之意。[1]

同时，玉山还留下了母亲师任堂喜欢画的草虫图。有评论认为，玉山的《西瓜与田鼠》比师任堂的《西瓜与田鼠》笔触更加柔和。

陈列在栗谷纪念馆里的《玉山画册》中，有一幅蟹图。在古代的绘画里，经常可以见到蟹图，而这种图则被人们称为“传臚图”。画传臚图必须出现芦苇。汉字中芦苇的“芦”字与古代的“臚”字的发音相似。臚是大王赏赐给科举考试中考取状元的人的

1 引自郑乡乔（乌竹轩市立博物馆前馆长）的解说。

师任堂的《西瓜与田鼠》

一种肉，“传臚”就是指状元拜见大王与王后，接受大王的恩赐的最高荣誉。蟹属于甲壳类，而甲又是第一的意思，因此蟹图也寄托了期盼能够科举中状元的美好愿望。

蟹的别名是横行介士。横行的意思就是无所顾忌，想怎么走就怎么走。蟹不能直行，只能横着爬行，因此蟹也用来象征在大王面前无所顾忌敢于谏言的书生。

我们不难理解，玉山画蟹图的意图。他有两次落榜的痛苦经历，也许他也曾梦想过考中科举，成为能够在大王面前畅所欲言、提出自己看法的书生。但是在看到三哥栗谷因陷入党派之争的漩涡中而苦恼的样子，或许他就慢慢地打消了这种想法。

玉山陪伴在栗谷身边的那段日子过得很惬意。他居住在海州石

李瑀的《西瓜与田鼠》

潭时，更是会在悠闲的时候自己酿点酒，弹奏玄琴，吟一首诗，就这样过着悠然自得的日子。宋时烈评论玉山的诗“像一块破碎的金子或玉”。辞去官职后，玉山来到了丈人的故乡龟尾。在见到梅鹤亭的风景后所作的诗，被记载到了《玉山诗稿》中，并流传至今。梅鹤亭位于洛东江西边宝泉滩孤山脚下。

1533年春天，黄耆老遵照祖父的意思，在此处建了亭子。宋朝时的林逋厌恶当时混乱的政治局势，没有走上仕途，而是离开世俗隐居到了山林之中，种梅养鹤。人们看到他如此生活，便称他为“梅妻鹤子”（以梅花当妻子，以鹤当儿子）。

黄耆老也向往这样的生活，因此他将山命名为孤山，并以孤山为号，把亭子命名为梅鹤亭。黄耆老作为栗谷的好友，不仅将女儿嫁给了栗谷的弟弟玉山，还把梅鹤亭也传给了玉山。

李瑀的儿子李景节也同样擅长书法、绘画和玄琴弹奏。据说李景节最擅长画花朵、野草、昆虫等花卉虫草，这说明师任堂的艺术才能经过儿子又传给了孙子。

小儿子李瑀的玄琴曲
清明幽远、大气磅礴

一块梧桐树板上固定六根丝弦，弹拨这六根琴弦就能发出雄浑的声音，这就是玄琴。玄琴是探求学问、追求君子之道的书生们最喜爱的乐器。据说，孔子也喜欢弹奏玄琴，而陶渊明的身边，则一直带着一把没有琴弦的玄琴。擅长诗书画则被称为“三绝”，如果再擅长玄琴，就会被称为“四绝”。而师任堂的小儿子李瑀诗书画琴都擅长，被人们称为“四绝”。

中国后汉时期的学者应劭编纂的《风俗通义》中，记载了有关玄琴的故事。

> 故琴之为言禁也，雅之为言正也，言君子守正以自禁也。夫以正雅之声，动感正意，故善心胜，邪恶禁。

玄琴是书生们最喜爱的乐器。朝鲜时代后期的风俗画家申润福所绘制的《赏春野兴》中，就出现了玄琴。

《史记·孔子世家》中记录着这样一段话：“孔子跟师襄子学习弹奏玄琴。学习玄琴并不是学弹奏技术，而是学习人心。”据说，孔子一辈子都很喜爱弹奏玄琴。

高丽时代的文臣李奎报（1168—1241）在《东国李相国集》中写道：玄琴是君子的朋友，并说明了喜欢没有琴弦的玄琴的缘由。

古话说，玄琴是乐之第一，君子经常使用而不离身。我虽然不是君子，不过也会随身携带一把没有琴弦的玄琴，并经常抚摸它。有位客人看到后笑个不停，还给我安

17世纪，李庆胤所绘的《月下弹琴图》。一位书生抬头望着一轮明月，抚着没有琴弦的玄琴，淋漓尽致地展现出君子的风貌。

上了琴弦。我没有拒绝，接过来后，或是长弹或是短拨，仍旧是随意把玩。古时，东晋陶渊明也曾拥有一把没有琴弦的玄琴，并以此来感悟人生道理。区区一把玄琴，既然想听听这琴声，我又何必事事效仿古人呢？

上文提及陶渊明是有来历的。据传以《归去来兮辞》而著名的东晋的陶渊明“不解音律，以蓄无弦琴一张，每酒适，辄抚弄以寄其意”。

栗谷喜欢弟弟的玄琴声，两人总是形影不离，还经常在一起通宵作诗，兄弟之情深厚。因此，玉山跟栗谷的挚友西厓柳成龙（1542—1607）也有着深厚的情谊，以至于互赠诗歌。

玉山的曾孙子，也就是李景节的孙子李东溟刊行的《玉山诗稿》中的《西厓学琴次韵诗》，就是玉山送给柳成龙的诗句。

休道枯梧发妙音，
高人至乐在胸襟。
有弦还寄无弦趣，
明月知心古到今。

在这里，胸襟既指心中的抱负，也可以理解为“胸琴”，因为他将因外部刺激而发生微妙变化或感动的心，比喻成了琴。在这里，我们足可看出玉山所拥有的诗才。

这首诗里所提到的“无弦”，是指没有琴弦的玄琴。朝鲜时代的书生们，经常会抚着无弦琴自我陶醉。

朝鲜时代的文人们所留下的记录中，有许多关于诗书画琴的内容。对书生们来说，作诗、写字，绘画、弹琴，不仅是一种闲暇文化，同时也是他们的日常生活。

玉山的才能同样传承给了儿子李景节，他也曾被人们称为“四绝”，但遗憾的是，我们很难找到李景节所流传下来的作品。不过，玉山的三女儿庶女碧梧夫人李氏流传下来的一幅《墨竹图》，也能够向人们展示出师任堂家族的艺术传统。

师任堂的孙女李夫人擅长画墨竹

师任堂的孙女，玉山的三女儿李氏夫人碧梧，作为李时发（1584—1609）的第三位夫人，被晋封为贞敬夫人，却在26岁香消玉殒。

李时发在李夫人的祭文中，这样写道：

> 兄弟间的友爱，皆为天性使然。她在文史方面的博学，在玄琴与围棋方面的卓越，在刺绣方面的出众，以及在书画方面的惊人理解力，都体现了她超乎寻常的天赋卓绝……

从上文中我们可以看出，李夫人继承了师任堂与栗谷、玉山、外祖父黄耆老等人的学问与艺术才能，并能推测出，她受到玉山与黄耆老的影响应该是最大的。现存的李夫人的作品有《墨竹画帖》，由庆州李氏家族代代相传。李夫人所画的四幅墨竹，比师任堂所画的墨竹，竹叶更粗，与梅窓所画的《喜鹊与竹子》中的竹子，有更多的共同点。同时，与当时最为著名的墨竹画家李霆的作品也有很多相似之处，因此她的墨竹画，也被认为是参照了朝鲜时代中期的墨竹画样式。

据推测，李夫人与祖母师任堂一样，也擅长草虫图等素材多样的绘画。师任堂的书画，经过长女梅窓与小儿子李瑀之手，又传给了孙女李夫人，其艺术才能就这样完完整整地相传了三代人。

如上文所说，在当时，师任堂就以其出众的画技成为了著名的画家，而且其才能被子孙们继承。那又是为何，对师任堂的评价会从“画家申氏”缩水变成了一位“母亲”呢？在她死后的460年里，师任堂的形象究竟是怎样被曲解的，又是被如何歪曲包装的，让我们下文继续分解。

| 第五章 |

500年光阴荏苒，师任堂的社会形象不断被改变

“母亲，您又在画画吗？”

梅窗摇头晃脑地朝屋里走了进来。

师任堂放下画笔，看着女儿。

“是啊，到这儿来，你也画一画看看。”

“今天还是画蝴蝶呀。前几天不是刚画过吗？”

师任堂微微地笑了笑。

“我要画梅花。比起草虫，我更喜欢四君子。

可是，母亲您为什么画那么多蝴蝶呢？”

“是啊，为什么呢？”

蝴蝶之梦。

如果我生为男孩，就可以像蝴蝶一样，

自由地飞翔于这个世界。

师任堂慢慢地闭上了眼睛。

她重新拿起画笔。

她的手一划，蝴蝶长出了左翅膀，

又一划，右面的翅膀也舒展开来。

16世纪，师任堂以画家身份而享誉盛名

师任堂在当时是被人们称为“申氏”“东阳申氏”的女画家。因为在当时，儒教思想占据了统治地位，所以据说没有任何先例，把士大夫家的女子当成画家。但是，据16世纪的文献记载，当时对于师任堂的评价，均为“作为女性，绘画手法高超”。也就是说，当时的人们，肯定了师任堂作为画家所拥有的出众才能。

师任堂的第七代孙李善海（1717—1776）曾说：“据我们家族的老一辈说，师任堂第一次拜见婆婆那天，婆家的长辈们纷纷说道：‘听说新娘子擅长绘画，能让我们欣赏一下吗？’师任堂不敢谢绝，就在铜盘上用墨画了葡萄，等大家欣赏完之后，便把铜盘洗干净，因为师任堂并不希望外面传扬这家的新娘子擅长画画。”

在16世纪，是当时那些著名的文人墨客们，将师任堂称为画家申氏的。其中有以松雪体著名的名笔苏世让（1486—1562）、郑士龙（1491—1570）和郑惟吉（1515—1588）等人。

苏世让有首诗写在了师任堂的画上，因此得以流传下来。

百折溪流千叠山，
岩回木老路迂盘。
树林雾霭空濛里，
帆影烟云灭没间。
落日板桥仙子过，
围棋松屋野僧闲。
芳心自与神为契，
妙思奇踪未易攀。[1]

诗中提到，师任堂的山水画中出现了和尚和道人，就好像是武陵桃源一样的风景，烘托着道教的氛围。这与师任堂之前的山水画所体现出的儒教情趣完全不同。

在这里，问题的主人公宋时烈登场了。宋时烈说，也看不清画中的人物就是和尚，他认为苏世让提出的和尚之说是不恰当的。宋时烈批判道，男女有别，在女性的画上写诗这一行为是非常无礼

1 引自苏世让《阳谷集》。

的，而且所题诗句中所表现的内容也很无礼。

在坚持“男女有别”这一儒教思想的宋时烈看来，不仅无法理解师任堂的画题，苏世让题诗的举动更是不合适的。他甚至怀疑这幅山水画究竟是不是师任堂的真品。

> 另外，这幅画中，松树下是否站了个穿戴整齐的人都还没有定论，苏公（苏世让）却在诗中写到那人是僧人，这种解读，显然是曲解了夫人的意思。
>
> 还有，男女有别制度严格，即便是一家亲戚，也不能互借东西，或同时在一口井打水。如今，苏公竟然在夫人的画上，亲自题诗，这显然也是不妥的。另，诗中所写的“芳心”也好，“奇踪”也罢，显然不是用来称颂安静优雅的品德的。更甚者，如果说男女之间应严格遵守相互之间的敬意，那么“未易攀”显然是有失妥当的。虽然我不了解苏公的为人，但怎能如此无理，如此不懂恭敬呢？[1]

像前文所提及的一样，鱼叔权在《稗官杂记》中记载道：“申氏从小学习绘画，她的葡萄和山水绝妙无比，人们都评论说她的画仅次于安坚。怎么能因为是女子的画就怠慢？又怎么能说女子不适合绘画而加以指责呢？”

1 引自宋时烈《师任堂山水画跋》。

在师任堂的山水图中，还发现了李景奭（1595—1671）的序文，他同样对师任堂的画给予了很高的评价："笔墨线条流畅，每处景致均达到了绝妙的境界，但这并不是靠最开始的努力和刻苦，而是自然而然形成的。"又说："这种境界，无论男女，只要感悟到了其中的道理，天地的造化就自然会表现在手指尖上了。"

郑士龙擅长七言绝句，书法也很出众，在中国也很出名。大家都知道，苏世让和郑士龙、鱼叔权是挚友。

除了他们之外，看到师任堂的葡萄画屏风后作诗的文人还有郑惟吉。在文章、诗和书法方面都造诣颇深的郑惟吉，在《题申氏葡萄画屏》中极力赞美了师任堂的画。下面所提到的东阳就是师任堂。

闺中东阳技艺高超，
画中风情令人称奇，
灵气汇聚鬼斧神工，
笔尖之下栩栩如生。

以"五声和单音"的故事家喻户晓的李恒福也曾评论过师任堂的画。李恒福与栗谷的弟子金长生[1]是好友，也是撰写栗谷碑铭的

1 金长生（1548—1631）是宋翼弼、李珥、成浑等人的弟子和继承人，在成立及发展畿湖学派的过程中，作出了重要贡献。他被评价为礼学泰斗，他的传统主义礼学论更是对日后集权势力的政治理念产生了深远的影响。他培养出了金集、宋时烈等人。

人。他评论师任堂为“竹画大家”。师任堂的竹画，其枝干与叶子描绘精密，他评论“虽然出自妇人之手，但有一种像在随风摇动的生动气息”。“近代竹画大师有三位，分别为申潜、柳辰仝（1497—1561）和申夫人”。师任堂的名气已然大到能进入竹画大师前三名的程度了。申潜[1]擅长墨竹，柳辰仝擅长诗书画，其中以竹画最为著名。

李恒福对绘画的要求很高，因此，他的评论足以引起人们的重视。但是，李恒福也是以“圣贤栗谷的母亲”来介绍师任堂的。

> 进士申命和曾经十分疼爱他的一个女儿，她聪慧绝顶，博古通今，擅长作诗，绘画才能也非常出众。申命和本就是东阳的望族，家中闺秀又如此才华横溢，因此，在择婿时也自然是千挑万选，终是参赞家的赞成与这位闺秀成为了夫妻。之后，在嘉靖丙申年，申夫人妊娠，并梦见祥龙过海，将一个婴儿交到夫人怀中，紧接着，就生下了一子。[2]

1 申潜（1491—1554），鱼叔权的《稗官杂记》对他所画的墨竹评价甚高。在《燃藜室记述》中，则记载说他擅长墨竹与葡萄画。虽然现在没有一件作品能确认是申潜的真迹，但现馆藏于国立中央博物馆的《寻梅图》与《花草图》据传是申潜的作品。

2 引自李恒福《白沙集》卷4·栗谷先生碑文。

师任堂梦见龙后在乌竹轩生下栗谷的故事，不考虑其真实与否，暂且把它看作是诞生大人物的一则趣闻吧。江陵一带，流传着很多关于栗谷的趣闻，把这些看作是当地人对故乡伟人的一种崇拜，会更妥当一些。

李恒福在介绍栗谷诞生的趣闻时，也第一次提到了师任堂。之后，师任堂从画家申氏转变为了栗谷的母亲，继而受人推崇，又开始成为了“贤妻良母”的代名词，并以此被禁锢在了历史的长河中。

17世纪，西人宋时烈否定师任堂的山水画

宋时烈在1659年（孝宗十年），53岁时写下《师任堂画兰跋》，虽然感叹了师任堂杰出的绘画技能，但比起绘画，他更加强调了师任堂身为大圣贤栗谷的母亲这一点。那时，距离师任堂去世已经过了一百多年。

> 这是赞成李公夫人申氏的作品。虽然此画由夫人绘制，但整幅画浑然天成，并不像出自谁之手，倒更像是自然之作，不仅如此，画中还包含了五行之精髓，聚集了天

地之精华，又有谁能画出如此万物和谐之画呢？

如此之人，能养育出栗谷先生，也就不难理解了。

1661年（孝宗十二年），李景奭为附有苏世让诗的师任堂山水图写了一则序文。他是金长生的弟子，擅长书法和写文章。李景奭说，他是接受了师任堂玄孙李东溟的请求，写下此序的。

从古至今，人的出生，皆是聚集了天地之精华，并没有男女之分。正所谓一通百通，只要能透彻地明白一则真理，那便能通达万物，心境开阔，自然就能通过指尖传递世间造化……曾有幸欣赏申夫人的山水画……这种境界，又怎能是靠学习能够达到的呢？说是天赋异禀，也丝毫不为过。她能生育栗谷先生，也是上天所赐。聚天地之气，孕伟大之人，也是同样的道理，造化又怎会只在指尖呢？真是奇异而又美丽。[1]

李景奭评价师任堂的山水图因为“天赋异禀”，所以“奇异而又美丽”。15年后，宋时烈为同一幅画撰写了跋文——《师任堂山水图跋》。

1 引自李景奭《白轩集》卷30·《申夫人山水图》序。

前日，看到了托我写跋文的那幅画作……申夫人品德高尚，生育伟大的名贤，堪比中国宋朝侯夫人生育二程先生。根据侯夫人的行状，夫人“认为妇女识文断字是不妥当的”。想必，申夫人也有着同样的想法。

这里提到的二程先生是指程颐（1033—1107）和程颢（1032—1085）两兄弟。他们两人对朱熹发展宋朝理学产生了极大的影响。

据推测，宋时烈把师任堂比作宋朝的侯夫人，是希望借此将栗谷划入到与二程相同的行列，隐含他想以栗谷学派的名义，明确以自己为代表的西人的立场。

宋时烈对师任堂的山水画持否定态度，主要是因为连外出都受限制的女性竟敢画山水画，而且他也不愿承认那人就是栗谷的母亲。

但是师任堂所生活的16世纪，女性的活动相对比较自由。师任堂在婚后的二十年间，来往于江陵和汉阳的秀进坊、京畿道坡州、江原道蓬坪之间，所以才会有更多的机会欣赏山水。同时，她并没有止于自己欣赏，而是把这些都搬到了自己的画纸上。这与师任堂与生俱来的才能和她对艺术的热爱，以及想要逃避孤单寂寞的现实生活的心理，有着密不可分的联系。

1668年，宋时烈写信给右议政洪重普，提到栗谷和他父母的墓地已荒废，请求给以修缮。信中说，栗谷的墓地荒废不堪，其父母的墓地更是连标石都没有，不过一百年，就连是谁的墓地都已不得而知。他又慨叹任其墓地荒废而不去管理，当真是一件令人羞愧难当的事情。就是在这样的情形下，李东溟四处寻得师任堂的画，并请求当时的文人写了跋文。

宋时烈写跋文的时期，据说是西人开始越发尊崇栗谷的时期。西人努力将栗谷配享到文庙。1680年，通过庚申换局，西人最终掌握了政权，并在两年之后的1682年，栗谷的文庙从祀[1]得到了同意。随着栗谷配享到文庙，推崇他的学派和西人文化的正统性，也终于得到了认可。

16世纪的申氏，或者被称为东阳申氏的师任堂，在进入到17世纪后，被人们改称为申夫人。

18世纪，师任堂被塑造为生养大圣贤的伟大母亲

自从宋时烈表明对师任堂的画作持否定态度，就再也找不到人们对师任堂山水画的评论了。取而代之的是师任堂草虫图的跋文，渐渐多了起来，而且师任堂流传至今的画作中，也以草虫图居多。

郑必东（1653—1718）被任命为江原道襄阳府使时，从师任堂

1 文庙从祀是将德高望重之人，供奉在文庙祠堂。

的亲属手中得到了草虫图。原本是八幅，因丢失了一幅，所以郑必东当时只收藏了其中七幅。郑必东对此深感遗憾，通过多方寻找，终于找到了丢失的那一幅，后制作成八面一套的屏风，并请求朋友题写了跋文。

1713年（肃宗三十九年），宋相琦（1657—1723）撰写了《师任堂画帖跋》。

从古至今，有数不胜数的名画家。但，只有画家本身的人品高尚，才足以令后世称颂，他的画也才会更加珍贵，如果做不到这一点，那只能是画归画，人归人。夫人端庄的品德与感人的善行，流传至今，甚至被人们评价为女中君子，更何况还育有栗谷先生这样的儿子。先生作为百世师表，世人在仰慕他的学问时，又怎能不恭敬生养先生的父母呢？

因此，夫人能被后世传颂，虽理所当然，但这本画册也起到了一定的作用……这本画册流传至后世，令夫人与其他名垂青史的夫人一同，绽放着更加耀眼的光芒。[1]

宋相琦评论师任堂的画："花和蔬菜，每一个种类都画得非常详细，昆虫和蝴蝶的动作则达到了入神的程度，生动形象，栩栩如

1 引自宋相琦《玉吾斋集》。

生。”这是对师任堂草虫图的最高评价。最后，他强调这些画之所以重要，是因为“这些画均出自栗谷的母亲师任堂之手”，同时还突出强调了师任堂高尚的人品。

这一点是通过“夫人端庄的品德与感人的善行，流传至今，甚至被人们评价为女中君子，更何况还育有栗谷先生这样的儿子”体现出来的。

“我有一位亲属，很早就曾说过，家里有一幅栗谷先生的母亲所画的昆虫图。到了夏天拿到院子中间晒太阳，结果被鸡叨出了洞。”这是称赞画家出众的才能时，普遍会用到的表现手法，这样的说法也曾用在了师任堂的儿子玉山李瑀身上。

据李淑仁的研究，正是这段话成为了产生师任堂言论的重要资料，并在18世纪，衍生出了“栗谷的母亲”这一神话。

另一方面，宋时烈的弟子著有《谢氏南征记》的金万重的侄子金镇圭（1658—1716）在《竹泉集》中，留下了有关师任堂草虫图的跋文。

在跋文的第一部分，阐明了“这是栗谷先生的母亲画的七幅草虫图”，然后写道：“女子的活计应当是纺线织布，不应当做画画等事情。”随后又表明，夫人的技法之所以能够如此娴熟，实在是她的天分太高。

金镇圭还说，师任堂的草虫图画的是后宫妃子和诸侯妃子诗中的草木与昆虫，因此，他认为师任堂的图画与织布纺线制衣并没有本质的区别。

不过，当时也有人单纯地评价了师任堂的草虫图，而不是把她当作栗谷的母亲来看待。他就是朝鲜第十九代王肃宗。

当时，师任堂的草虫图帖被收藏在肃宗的丈人金柱臣家中。有一日，肃宗命其呈上这套草虫图帖，并下令临摹这些画，后用临摹的画做成了屏风。随后，他将草虫图原本还给了丈人，并写了一段话。在绘画方面造诣颇深的肃宗，竟然会令人临摹后欣赏，足见师任堂的草虫图是多么出色。下面是肃宗的那段话：

> 所画草虫栩栩如生，
> 夫人画作妙不可言。
> 现命人临摹带回宫内裱作屏风，
> 可惜缺失的一幅只好重画。
> 不勾画轮廓只使用色彩，却更有风味。
> 这种技法应该便是无骨法了。[1]

栗谷的挚友、郑澈的玄孙郑澔则留下了下面一段记录：

> 这幅画是师任堂申夫人的作品。夫人拥有高尚的德行，并生养了大贤（栗谷），其功绩毫不逊色于侯氏夫人。但如今，看到这本画册，才得知申夫人的才能竟如此卓越，艺术造诣如此之深，这在有关侯夫人的记载中也是不曾看到的。倘若果真如此，她拥有如此之德，又怎能不

1 引自《列圣御真·题模写先正臣栗谷母所写草虫屏风》。

让人敬佩她的全才全能呢？[1]

比起宋时烈把师任堂与侯夫人相提并论，郑澔认为师任堂的成就，比侯夫人还要更高一筹。但是，他的评价仍然不是就画论画，而是强调了栗谷母亲这一身份特征。可以说，他与宋时烈看待师任堂的角度和对师任堂的看法，是完全相同的。他也是想把师任堂塑造成栗谷的母亲，而不是取得了伟大艺术成就的画家。

申暻（1696—1766）也试图从师任堂的画作中，寻找到“栗谷成名”的根源。他说道：“探究栗谷成为大家，再次验证了‘醴泉有源，芝草有根’这句话。”他的这种想法，与其叔父申靖夏（1681—1716）对师任堂的看法，可谓是一脉相承。

有研究表明，在18世纪，师任堂被塑造成“栗谷的母亲”而不是“画家”，是宋时烈门徒中的老论派文人有意而为的结果。

老论派文人们为了强化他们的立场，将栗谷推举为大圣贤，而继承了栗谷学派的宋时烈则试图证明自己才是性理学的正统。基于这种背景，他们将师任堂与侯夫人相提并论，以此来强调他们的权威性。

随之而来的是，比起图画本身的艺术价值，师任堂的草虫图，作为“栗谷母亲的画”的意义，就更显重要了。另外，无论肃宗“原本的意图”是什么，他临摹草虫图来欣赏这一事实，也无形中

1 引自《丈岩集》卷25·师任堂画帖跋文。

成为了老论派文人们的又一个“坚实的屏风”。

19世纪，士大夫们将圣贤的母亲推到风口浪尖

根据李淑仁的研究，到了19世纪，平山申氏的族人们成为了将师任堂塑造成母性代名词的主导者。

申锡愚（1805—1865）在《师任堂梅花图八幅跋》中强调指出，追随栗谷先生的人，必须欣赏先生母亲的作品。他们认为，师任堂的作品流传越久，栗谷的道学也会流传越久，这无疑是一种“肥水不流外人田”的做法。

> 在我们儒学界，尊重这幅画是理所当然的，何况夫人还是我们家族的女书生，更应当尊敬才是。古人云“画的生命是五百年”，但这仅限于那些一般的画家，就这幅画而言，必将与栗谷先生的道学共生死共存亡……在这世上，倘若有人想学习栗谷先生的学问，那么必当将此画视为珍宝，才算不失妥当。我认为，这幅画的生命是否得以

延续，充分能够反映出栗谷先生的道学是否得以相传。[1]

另外，申应朝（1804—1899）在1861年（哲宗十二年）写的跋文中，试图从师任堂身上寻找到中国二程之母——侯夫人的影子。这种手段，是在推举栗谷的过程中，200年前的宋时烈最初使用过的。

申应朝认为，侯夫人没有绘画作品，但申夫人有绘画作品，虽然这一点有所差别，但是她们的终极目的都是一样的。师任堂只是画了画，并没有要流传后世的想法。这一点，与不希望自己的作品流传后世的侯夫人是相同的。他认为，申夫人的所有画作，都是再现了《诗经》中所提到的妇女的日常琐事，因此，她的作品也应当看作是对实践妇道的另一种延伸。

由此可见，申应朝的“侯夫人言论”和金镇圭或郑澔的《诗经》引用论，都只是为了把师任堂塑造成“女性典范”而提出的理论。

1868年，江陵府使尹宗义担心师任堂的笔迹失传，故刻成版画《师仁堂笔迹刻板跋》来保存，并提到“人怎么能没有母亲呢？只因自己不能像先生那样光宗耀祖使父母受人敬仰而感到羞耻”。

他还说，从师任堂的笔迹中看出了文王母亲太任的品德。他认为随着栗谷的扬名，师任堂也逐渐为人们所知，因此造访乌竹轩和松潭院的人们，也应该从栗谷身上学习为人之子的道理。

1 引自申锡愚《师任堂梅花图八幅跋》。

对此，李淑仁指出：“17世纪以后出现的有关师任堂的言论，反映了朝鲜时代后期的思想特点。宋时烈将师任堂与北宋二程的母亲侯夫人相提并论，是对中国的小中华主义思想的继承。”这一说法非常切合实际。

师任堂从当代著名画家申氏转变为申夫人，从被评为擅长画葡萄和山水画的画家转变为擅长画草虫图的画家，与宋时烈的弟子和平山申氏族人，即西人和老论派的文人不断强调师任堂的母性，有很大的关系。

朝鲜时代，是个男女有差别的社会，女性一直以来都只是客体和他者。在西人或老论派文人的眼里，师任堂只不过是他们坚守自己既得权利再有利不过的盾牌而已。

当时的中国，汉族掌权的明王朝已经灭亡，清朝占据了统治地位。然而朝鲜士大夫却不顾这一事实，视清朝为外夷，并自称朝鲜是“小中华”，想以此获得大义的名分。而他们所推举的有大义名分的人物，正是栗谷，师任堂则成为了生养大圣贤的伟大母亲。因此，他们不可能不尊崇这位伟大母亲的画作，更是将宋朝的侯夫人变成了师任堂背后的光环。

师任堂在去世三百年后，失去了杰出的女性知识分子和画家的称号，被禁锢在了“大圣贤栗谷先生的母亲”的称号中。

但是，即便到这个时代为止，师任堂也只是被看作是“生养大圣贤的伟大母亲”，并没有出现“贤妻良母”的说法。“贤妻良母”的概念是日本帝国主义强占时期从日本流入到朝鲜的。

另外，师任堂的作品被肃宗临摹后，开始出现了很多仿制品和

以金弘道为首的朝鲜时代后期杰出的画家们所画的诗画屏风《高山九曲诗画屏》，是国宝第237号。

伪作品。据姜官植的研究，黄胤锡（1729—1791）在他的日记《颐斋乱藁》[1]中提到，师任堂的第七代孙李善海曾对黄胤锡说过“世上流传的先祖母师任堂申夫人的画，赝品较多”，“偶尔有一两幅真迹，也是由名门望族收藏，子孙们并没有私自收藏的”。赝品如此之多，多半是因为师任堂的作品已然成为了士大夫们权威和财富的象征。

19世纪初，安东金氏的势道政治时期，师任堂的画再一次受到关注。1803年制作的《高山九曲诗画屏》，由以金弘道为首的朝鲜时代后期著名的画家们所画的十二帖诗画所组成。选择了栗谷李珥曾隐居的黄海道孤山的九处风景，由画员及文人画家绘画后，再由文人为画题诗，最终将这些画作集合在一起，裱糊成了这套屏风。最后一幅的题词，是宋时烈的后代宋焕箕所撰写的跋文《石潭图诗跋》。石潭指的就是栗谷。

安东金氏一族说，这套书画屏风，是纯祖的丈人金祖淳牵头制作的。此后，师任堂的画和栗谷的思想就成了集结老论派系文人的重要媒介。

1 《颐斋乱藁》是黄胤锡从10岁开始，直到63岁去世前两天为止，将他所听所见所学所想的有关文学、经学、山学、宗教、天文、风水、姓氏等一切人类生活所能用到的实学，以日记或记事体的形式，记录下来的书籍。

日本殖民时期，师任堂被戴上了“军国母亲”这一假面具

朝鲜时代所追求的传统女性的形象是“烈女孝妇”，文献记载中根本找不到“贤妻良母”这个词。在朝鲜最早出现“贤妻良母”一词的文献，是1906年养闺义塾女子学校成立时的主旨文。

据《万岁报》刊载，这篇“主旨文”中写道：“精益学问和女工，教育妇德顺哲，完备贤妻良母的资质。”而这也是当时日本流行的“良妻贤母”一词，第一次被引入到朝鲜。

据说我们所熟知的“贤妻良母”的概念，是日本明治时期出现的良妻贤母，并在日本帝国主义强占期间被引入到朝鲜后广泛流行起来的。到了20世纪30年代，贤妻良母的形象被女性广泛认知，从那时起到现在，逐渐被人们认为这才是传统的女性形象。贤妻良母最开始是根据近代主妇的规范理念所提出的。被赋予传统价值观的贤妻良母形象成为理想的女性形象，是在20世纪50年代。

之后，将日本帝国主义强制推行的“贤妻良母”女性形象当作“传家宝剑”一样挥舞的时代，正是朴正熙执政时期。日本帝国主义与独裁政府，为了维持独裁统治体制，向女性们灌输了要求她们

无私奉献的思想。

本来，良妻贤母就是要求女性顺从的，日本帝国主义正是通过这种思想，要求女性们顺从于国家和丈夫。良妻贤母将女性的作用规定为妻子和母亲，并通过这种作用让人们期待女性能为国家作出贡献。因此，日本向女性进行了裁缝、绣工、家务等家庭生活必需的、以实际技能为主的科目教育。

日本的良妻贤母，是以民族主义兴起为背景，为了国家统一而出现的近代女性教育理念。这样的女性教育，是为了让女性参与到国家事业中来，而衍生出来的日本帝国主义政策。

1944年，日本帝国主义在朝鲜也实施了征兵制，并强制灌输了具有国家主义精神的贤妻良母理念。随之而来的是，女性成为了生育天皇子民的工具，并被教育要成为日本军国的母亲。

1945年，国民戏剧竞赛大会上，剧作家宋影（1903—1978）的戏剧《申师任堂》在东阳剧场上演。据说，当时观众的反应是爆炸性的。参加国民戏剧竞赛大会的重要条件是剧本必须“反映了日本精神”。创作此剧本的宋影在提到创作意图时曾指出，他希望“展示一位将儿子培养为士兵，并忠诚于国家的坚强的母亲形象”，这便是他所提出的“军国的母亲”论。据传，剧本《申师任堂》的故事情节和人物设定几乎都是虚构的，所讲述的都是符合将朝鲜人民奴化为日本天皇臣民理念的内容。

就这样，师任堂又被日本帝国主义戴上了另一个假面具——“军国的母亲”。

20世纪70年代，师任堂成为“贤妻良母”的代名词

20世纪70年代，朴正熙政权推出“韩国式民主主义”纲领，一方面构建了独裁体制，另一方面实施了确立民族主体性的政策。其中一项，就是把李舜臣和师任堂塑造成民族英雄。

根据首次发行有关师任堂书籍的李殷相的记载，朴正熙从1960年开始关注栗谷，1965年在江陵乌竹轩境内修建了栗谷纪念馆。这时，师任堂的遗物也一同得以展出。之后，朴正熙开始修缮位于坡州的栗谷和师任堂的墓地以及紫云书院，对栗谷遗迹的修缮一直持续到了1976年。

师任堂被称为韩国女性的代表，尤其被定位为“贤妻良母”的形象，是从20世纪70年代中期才开始的。1976年，根据总统令，在注文津开设的师任堂教育院，对全国的女高中生进行了一次教育。20世纪90年代把受教育的对象变更为江原道女高中生，现在则把教育范围扩大到了江原道初高中女生。

师任堂教育院的教育目标和内容是强化国家主义意识形态。条例第一条明示如下：

让我们继承师仁堂的品德与精神，塑造韩国的女性形象，培养热爱祖国、热爱民族的民族中兴的生力军[1]。

到了20世纪80年代，“忠”成为了师任堂教育的核心要素。教育课程由国家安保与忠孝、“贤妻良母”理念等讲义与国家追念仪式所组成。其形态与日本帝国主义强占期把女性教育成“军国的母亲”时的形态并没有太大的区别。

师任堂教育的另一个重要内容是，在家庭中，母亲的作用被认为是居第一位的。

现代女性在做一个教育子女的好母亲，在维持家庭的和睦，在促进家政事务的科学化、合理化，积极参与国家产业发展的时候，实现对自我地位的觉悟就是伸张女权，还要懂得改善女性的劣性才是实现男女平等的正确之路。

仔细研究其内容，我们便可以知道，这是在强调，女性要履行好母亲、家庭主妇的职责，就必须参与到国家中的发展中来。

现在，师任堂教育院的教育目标更改为价值观的确立、共同体意识的培养、传统文化的继承，教育课程也被两性平等与人权、发

1 2015年，被修订为“继承师任堂的品德与精神，继承发展传统文化，通过身心修炼来培养民主市民”。

展方向、自我开发、咨询教育等顺应时代变化的内容所取代。

朴正熙政权以民族与国家这一意识形态为盾牌，努力将师任堂塑造成贤妻良母的楷模，同时还开展一系列工作将李舜臣打造成民族英雄。

另一方面，朴正熙政权还推崇总统夫人陆英修为“良妻”兼国母，并通过舆论将其与师任堂塑造成了同一形象。

当时，陆英修成立了育英财团，建立了儿童会馆与职业训练院。身为总统夫人，推行这些妇女政策，并不是什么特别的事情，但他们对此全然不顾，还大肆宣扬，这主要是因为当时的政权推崇“拨浪鼓言论”。

1969年，大韩主妇俱乐部设置了师任堂奖，并在景福宫第一次举行了“申师仁堂日”纪念活动，师任堂也就此成为了20世纪70年代女性运动的标志性象征。当时，师任堂的形象被重新定义为“女强人”。大韩主妇俱乐部第一任会长金活兰说道：

> 深厚的个人修养，博学多才，追求自由，知性识大体，协助丈夫，养育子女，如此厚德优雅，充满协同心，不管遇到任何事，都能冷静处理的“女超人”……50年后，不仅在韩国，甚至在华盛顿、纽约、伦敦、巴黎、内罗毕等世界各地，都会将这位女超人视为女性的楷模。

金活兰的见解与20世纪30年代有关女性言论之一的“良妻论”是一脉相承的。那么，女强人是否真的存在呢？现在女强人症候群已经成为了日常用语。女强人症候群，是指成年女性在工作和家庭生活中，因过分追求完美而出现身心俱疲的症状。

据研究，女强人症候群是随着女性社会地位的提高而产生的一种现象。这个是既要在外工作还要承担家务、育儿重担的妇女，在职场和家庭中力求完美解决所有事情时所产生的一种压力症候群。有一种解释是，之所以出现女强人症候群，是因为持有封建思想的丈夫们没有分担家务的意识。

尽管当代女性走向社会已经成为了普遍现象，但是在大多数的家庭中，依然由女性承担着全部的家务劳动和育儿任务。女性在职场中承担着与男人一样的工作，然而回到家庭，却因女性就必须做家务这一角色定位，而承担起全部的家务劳动，这其中的原因究竟是什么呢？

由此不难推断，女强人症候群的背后，是不是还有另一种理念在起作用呢？

在历史中，强压在女性身上并不断被加工的意识形态之一就是母性。母性意识形态被包装成“伟大的母亲”，且长期以来成为了压制女性的一种机制。不仅如此，电视剧、电影、图书等大众媒体，也一直在反复加工着母性意识形态。

母性意识形态究竟是什么？母性意识形态是指，女性的社会位置应该在家庭中，而在家庭中，女性的任务就是照顾家庭成员，给他们提供稳定的家庭氛围。这就是社会对于母性的普遍认识。

美国的诗人兼女权主义者艾德丽安·里奇在《生为女人：母亲的角色分成“经验”和“制度”》（1976年）一书中，用具体的历史事例论证了以男性为中心的社会是怎样损害了女性的作用和地位的。在男性家长制社会中，“母性”一词等同于牺牲。

男性掌控法律和制度，操纵避孕和堕胎，通过生育学来控制和训练女性的心理。因为生理排卵和出血，女性的身体被认为是肮脏的，但是又认为母性是神圣的，这是多么矛盾的心理。里奇认为这种理念的起因，是男性嫉妒女性的生育能力，同时资本主义制度需要劳动力的二次开发，因此女性的牺牲成为了理所当然的事情。

母性意识形态意味着女性天生就拥有养育子女的能力，也只有女性才能取得这样的成就。同时，女性能够获得尊敬的唯一方法，便是成为称职的母亲。但是，这一意识形态的另一面却意味着女性不能养活自己，女性和子女是需要靠男人抚养的。

精神分析家南希·乔多罗在《母职的再生产》（1978年）一书中这样分析道：母亲为现代核心家庭，培养出了具有不同性别心理的女孩子和男孩子。女孩天生拥有母性能力和母性欲求，拥有能够拉近亲密关系的能力，但同时也容易过分陷入关系之中，导致自律性被弱化。相反，男孩的看顾能力和看顾欲求受到压制，因而会形成坚定固执而又过度自我戒备的特性。正是在这种性别社会化的过程中，女性第一个被再生产的角色就是母亲。

据边慧正的研究，“母亲不是女性应该停留的位置，也不是女性的终身职业”。她指出：这种育儿心理学理论“在产业社会区分男女作用的过程中，为把女性以母亲身份停留在私有化领域作出了重要的贡献，也符合了把女性重新驱赶回家庭，或将女性规定为低工资劳动力的资本主义的利益”。

她指出，这种歪曲的母性意识形态在城市核心家庭和高学历女性中表现得尤为突出。她认为，这种现象反映了这个阶层希望在韩国社会统治结构中占有一席之地的想法。正是中产阶级的这种歪曲的母性意识形态，在社会阶层化、阶级化的过程中起到了牵引的作用。

目前，韩国中产阶级的母性意识形态与西欧不同，存在着严重的问题。在重视学历和文凭的社会中，教育脱离了原本的目的，变成了谋取财富和权力的通行证。在这种现实中，被歪曲的母性意识形态，从不考虑子女的将来，只是着眼于子女是否会出人头地。同时，这种意识形态也成为了强化家庭利己主义的工具。

最大面值5万韩元上的
人物肖像最终选定师任堂

2009年，5万元纸币上的头像人物被指定为师任堂时，引起了妇女们的极大反对，甚至还有一个妇女团体发表了反对声明。理由共三条，内容如下：

反对因贤妻良母意识而被推崇的申师任堂成为纸币上

的头像人物。

申师仁堂虽然也是一位著名画家，但我国社会从儒教的角度，把她作为栗谷的母亲来看待，这样的人物被选为货币上的女性形象是非常不合适的。

与其选用申师任堂这样被禁锢于家庭主义框架中的人物，不如选用具有21世纪时代特色的、既柔和又具有领导力的女性人物。

我认为，上述的三条反对理由——贤妻良母的意识形态、大学者栗谷的母亲、师任堂是被家庭主义束缚的女性等见解，完全是因对师任堂的误会而造成的。

首先，把师任堂塑造成“贤妻良母”，是20世纪70年代军事独裁政权为了确保政权的正统性而将朝鲜时代的大学者栗谷与师任堂偶像化的一个环节罢了。再说，把师任堂包装成“栗谷的母亲”的，是以宋时烈为中心的老论派。仔细研究师任堂的一生就不难发现，她并不是被家庭主义束缚的人，反而是打破那些条条框框，独立自主地经营了自己一生的人物。

她教育7个子女的目的，是希望他们能成长为正直的人、真正的人，并以孔子的“仁”作为教育理念。不仅如此，她还强调一定要孝敬父母、兄弟友爱。她认为，这才是做人的首要条件，只有以这样的心态待人接物，才能做到爱惜所有的人，真正实现人本主义。

这样一来，不仅对人，甚至是对世上存在的万物，尤其是对微小的昆虫、草、花等存在，也能够将它们看作是平等的生命体。这不正是21世纪的领导人所应该具备的精神吗？

到目前为止，我们的社会中一直不间断地发生着各种劳资纷争。非正式员工问题、青年人的兼职人权等社会问题，都与领导力有着直接的关系。现代社会要求的领导力中重要的品德之一，并不是要求属下唯命是从，而在于团体组成人员之间的沟通能力，尤其是排除权威后的平等关系中的沟通能力。从这种观点来看，师任堂不仅没有被束缚在家庭中，而是应该被评价为“具有21世纪领导力的超前的女性”。

有位历史学者曾这样评论：“看李珥的文字会产生很多的疑问，因为儿子所描述的申师仁堂与贤妻良母的差距太大了。申师仁堂在中宗十七年（1522年）与李元秀结婚的地方是娘家江陵，单凭这一点就已经很奇怪了。更有甚者，师任堂在结婚三年后才第一次拜见婆婆洪氏。因为，她是守完自己成婚后就去世的父亲申命和的三年孝以后，才来到了汉阳。这与绝对遵从三从之道的贤妻良母，有着很大的差距。”

但是，师任堂所生活的16世纪，婚后在娘家生活是很普遍的现象，这一点在很多记载中都能看到。仔细研究栗谷在《先妣行状》中所记载的内容，可以看到，师任堂的所作所为，没有一样是违背三从之道的。

正像李珥在《先妣行状》中记载的一样，“偶尔父亲有失误时，母亲一定会用正确的道理来提醒他”。这位历史学家认为，与其说是女必从夫，倒不如说她是偶尔也会呵斥丈夫的女子。如果仔细研究各种情况，我认为比起说呵斥丈夫，不如说她是在给丈夫提建议更为恰当。

而且，他所说的“贤妻良母”的概念，最初是在日本帝国主义强占期时被引进的，之前朝鲜时代只有烈妇和孝妇这两种概念。朝鲜时代后期的记录里出现了“贤妇”一词，但这时的贤妇，与我们现在的概念有所不同，是指“具有理财能力的妻子”。

另外，朴慧兰说“把申师仁堂定义为贤妻良母，也许是沿袭了以男子为中心的视角”，并主张“把曾是当时著名艺术家的她单纯地定义成‘栗谷的母亲’，是完全错误的行为”。朴氏说“当时并没有规定女性在社会中的作用”，强调有必要“将历史中的女性以更宽广的视角来重新作解释”。对此，我也深有同感。

从男女平等主义的角度研究师任堂的李恩善说“师任堂的一生，出色地完成了各种角色所承担的责任，即母亲、女儿、宗妇以及艺术家”，继而评论道：“在从属的、不自由的儒教传统社会中，师任堂作为一个独立的人所取得的成就中，有我们一出生就具有主体性的现代女性需要重新学习的珍贵的教导。”

对师任堂被选定为货币人物持肯定态度的，反而是美术界。

一直以来，师任堂都被局限在典型的朝鲜时代的妻子与母亲的形象中。不过，经过时代的变迁，她终于摆脱了这一形象的禁锢，作为一个独立的人，她积极地、主观地、革命性地追求着自己的人生，并通过艺术实现了自我完善。除了被大众所熟知的草虫图，她还通过山水图、葡萄图、竹图等画作，构建了一个题材多样、富有创意的绘画世界，她对韩国美术史所作出的贡献，应当得到积极的肯定与认同。

除此之外，还有一些见解认为："将自我主导型领导力、行动型领导力、指导型领导力与师任堂的领导力相结合，进行比较与分析，能够得出21世纪的韩国社会发展所需的新一代价值观，也为更好地理解未来前进的意义，做了良好的铺垫。"

师任堂具有充分的资格，成为21世纪的领导者、教育家、艺术家，以及一个真正的人的楷模。但是在她死后的460年里，她的形象被男子们不断地歪曲。在成为了5万元货币的头像人物后，却被用在了不当的敛财或贿赂中，就这样，她的形象被继续歪曲着。

师任堂在朝鲜时代的女性中最广为人知，但她却从来没有显露出真面目。通过她，我们再次确认了女性总是以第三者的身份存在于历史中。师任堂被选定为5万元货币的头像人物，是值得肯定的。但是，现如今，我们应该把师任堂从"伟大的母亲"或者"贤妻良母"的神话中解脱出来，以全新的角度再度解读、再度评价师任堂这位杰出的女性，而这正是我们这些生活在21世纪的女性应尽的使命。

附录

师任堂生活的时代背景

‖思想背景——在性理学成为统治思想之前，男女是平等的

师任堂（1504—1551）所生活的16世纪，属于朝鲜时代的初期。现如今，一提到朝鲜时代，首先就会想到男尊女卑思想，即男人是天，女人是地。1392年李成桂建立的朝鲜王朝，到1910年因遭到日本帝国主义的侵略而灭亡。纵观朝鲜王朝这500余年的历史，女性失去了财产权及继承权，男女关系变得不平等，其实是从17世纪中叶之后才开始的。

师任堂所生活的时代，与将燕山君赶下王位而后登基的中宗（1506—1544）在位的时间基本一致。所以，了解中宗时代的朝鲜，也就是了解16世纪朝鲜的风貌，这能够让我们更好地品读师任堂这位朝鲜女性的一生。尤其了解当时的男女地位及婚姻习俗，将成为解开关于师任堂的众多误会与曲解的关键钥匙。

16世纪的朝鲜，虽然已建国百余年，但依旧留有高丽时代的风俗，男女之间的关系也相对平等。这一时期，是作为朝鲜建国的主要势力的士大夫们，为了让新王朝更好地运作，而统一规整各项制度和文化的时期。虽然性理学（高丽末期，中国的朱子理学传入朝鲜，形成了独具特色的朝鲜性理学）被奉为治国之道，但当时它还未能深深地植根于整个社会中。从朝鲜新罗时期一直延续到高丽时期的佛教传统与生活方式，直到经历了壬辰倭乱（1592年）与丙子胡乱（1636年）的17世纪之后，才彻底开始向性理学的方向转变。

那么，作为朝鲜治国理念的性理学，究竟给女性在社会中的地位及权利，带来了哪些变化呢？

对朝鲜初期性理学的理解，与下面要讲述的师任堂的人生观与教育观，这二者之间有着密切的关联。一提到师任堂，大家总会联想到“大儒学家栗谷的母亲”“在绘画方面有着惊人天赋的女性”等头衔。但是，如果考虑到她所生活的社会的思想背景，就能更好地窥探，她是如何养育了7个子女，又是如何通过绘画实现了自我价值，追求由自己主宰的人生。

朝鲜当初在建国时，就已经把性理学奉为了治国理念，但经历了建国初期的两次夺嫡之战，其思想失去了大义。为了争夺王位，兄弟之间互相残杀，这本就是违背人伦与人道主义的“不可饶恕的行径”。

理学是宋代的士大夫们所创立的儒学思想，是由朱熹[1]提出的。朱熹在重新解读儒学经典的时候，编撰了儒学入门书籍《小学》[2]，他还编有《家礼》及《通鉴纲目》。

性理学所追求的理想中的政治，是以礼治国。它解释道，人伦与道德应与宇宙秩序及人类天性相统一，它也因此成为了政治哲学的基础。而推崇这一理论的领军人物，正是为朝鲜制定立国纲领的郑道传（1342—1398）。郑道传批判作为高丽治国理念的佛教思想，并致力于规整儒教文化典籍，确立性理学的理论规范，因此，他也批判受高丽时期所沿袭下来的风俗的影响，女人的生活方式自由奔放和她们拥有强大的发言权。

性理学提倡男女贵贱各有所别的身份制度，这点在“三纲五常”里也有所体现，因此在他们看来，男女关系并不是在一个水平线上，不是互相平等的。性理学规范要求忠与孝，要求妻子对丈夫顺从，据此，世宗和成宗时期还编纂了《三纲行实图》《内训》等书籍。不过，在王室和民间的日常生活中，佛教及道教等民间信仰仍然占据着一席之地。确立性理学宇宙论，并将其付诸实践的人，

1 朱熹（1130—1200，南宋时期），朱子学的集大成者，是中国思想界叶最具影响力的人物。他强调符合伦理的行为准则及对儒教五经进行深入研究，重视“格物论”，对朝鲜性理学的形成起到了至关重要的作用。

2 《小学》是朱熹的弟子刘子澄在朱熹的指导下，参考多部经典，将能够教化儿童的日常生活中的行为规范和修养整理成格言，并将忠臣、孝子的故事归纳成册的书籍。

正是士林派。

文化背景——以人伦为基础的《小学》成为社会必修科目

士林派作为成宗年间的政治势力，在15世纪末期登上历史舞台，对当时的勋旧派进行了批判。基本上以世祖时期的功臣为首的集权政治势力，是勋旧派的主流。世祖能够登基，是靠夺权篡位而来，从性理学的观点出发，这显然失去了大义。以此为借口，士林派先后还发动了“死六臣事件”和“锦城大君谋反”事件，但最终都以失败而告终。勋旧派独揽朝中官职，手握官吏调动大权，占尽一切特权，腐败日渐猖獗。不仅如此，他们还抢占土地，逼迫良民成为奴隶，为其耕地劳作，这大大影响了乡村秩序。

跻身中央政治的士林派，批判勋旧派垄断国政的行为，称其为“借助官位谋取私利的小人”。他们以《小学》作为理论基础，试图改革中央政治。另一面，他们还将《小学》翻译成谚文，希望百姓们能够借此维持乡村社会的秩序。正是在这种社会背景的推动之下，《朱子家礼》与《小学》得到了广泛普及。

《朱子家礼》对婚冠丧祭等在家中举行的重要仪式进行了系统地规范，其根本目的是通过规范化的仪式流程让人们对自己的人生产生自尊意识，同时促进家族成员间的感情，加深互相之间的恭敬之心。

《小学》以人伦为基础，强调社会伦理与实践等内容，教育人们要铭记以礼修身。它作为教化百姓的手段得到普及，其中的主要内容是以儒教的孝与敬为中心，对培养追求理想主义的人生观，能

《三纲行实图》。1434年（世宗十六年）直提学偰循等人，遵从王命，将朝鲜及中国的书籍中，能够作为君臣、父子、夫妻此三纲楷模的忠臣、孝子、烈女的故事摘录出来，整理编写成书籍。每篇故事都配有插图，让人们能够对故事内容一目了然。这本书不仅是最早一本用于教化百姓而出版的朝鲜时代伦理道德的教科书，同时也是当时阅读量最大的一本书籍。

够成为修己、治人的君子，起到了启蒙作用。因此，《小学》在四学、乡校、书院、书堂等所有的儒学教育机构中，成为了必修科目，在成均馆的入学考试中也对其有所提及。如果在现代社会，那就是高考必考科目。所以说，《小学》对朝鲜时代以忠孝思想为中心、追求儒学的社会秩序产生了很大的影响。

教育背景——绝大多数女性都没有机会接受教育

当性理学慢慢扎根于朝鲜，朝鲜的女性也自然而然地融入到了性理学的社会秩序当中。在士大夫家庭中，男性要学习如何“修身、齐家、治国、平天下”，而女性的主要任务是操办祭祀与招待客人。在朝鲜时代，女性接受教育的主要场所是家庭，而并不会专门学习文字。《世宗实录》中的相关描述就体现出了朝鲜王朝对于当时女性教育的看法。

> 中国妇女识文字，故或参政事；宦者专权而误国者，亦有之。吾东方则妇女不晓文字，故妇人参政，固无可疑，若宦者之乱政则可畏也。且妇人虽不参政，蛊惑君心，则人君听其言而误国，亦可虑也。[1]

1 引自《世宗实录》，世宗十九年（1437年）十一月十二日。

连被公认为朝鲜第一圣君的世宗大王都在担心，万一女人识字就会干预朝政。这里所说的字，指的是汉字，因为认识汉字就意味着可以学习儒家经典，可以掌握知识。他担心万一女人掌握了知识，就会拥有主观想法，会产生社会意识和政治意识，会对丈夫多有进言从而干涉国家政事。

朝鲜初期曾有一位女性，精通汉字和经传，她就是写出了朝鲜第一部女性教养书籍《内训》的昭惠王后（1437—1504）。昭惠王后是世祖李瑈的儿媳，她在丈夫死后出宫生活，后来将自己的第二个儿子推上了王位，也就是成宗。她更加为人所知的身份是仁粹大妃。她还是燕山君的祖母，也就是燕山君生母废妃尹氏的婆婆。

昭惠王后的父亲韩确（1400—1456）是朝鲜当时的外交官，他曾先后将自己的两位姐妹送进中国明朝的后宫成为嫔妃。清州韩氏也是朝鲜初期的名门望族。他曾与韩明浍、申叔舟等人共同帮助世祖即位，也曾经在明朝任过官职，所以深知文字的重要性，认为自己的女儿也应该识字。昭惠王后能够学会艰深的汉字，肯定是深受其父亲的影响。韩确在国际形势以及政治形势方面都显示出了过人的洞察力。昭惠王后之所以能将身为第三顺位继承人的二儿子成功推上王位，离不开她秘密结约的韩明浍和婆婆贞熹王后（世祖的夫人）的帮助。这说明昭惠王后在迅速分析当时的政治力量的关系后所作出的与他们联手的决定是非常正确的。她这种政治能力一方面是来自于父亲的影响，一方面也来自于她自己不断积累的学识。

昭惠王后所撰的《内训》，大量引用经典和史书，参考书目多达40余册，可见其学识之渊博。

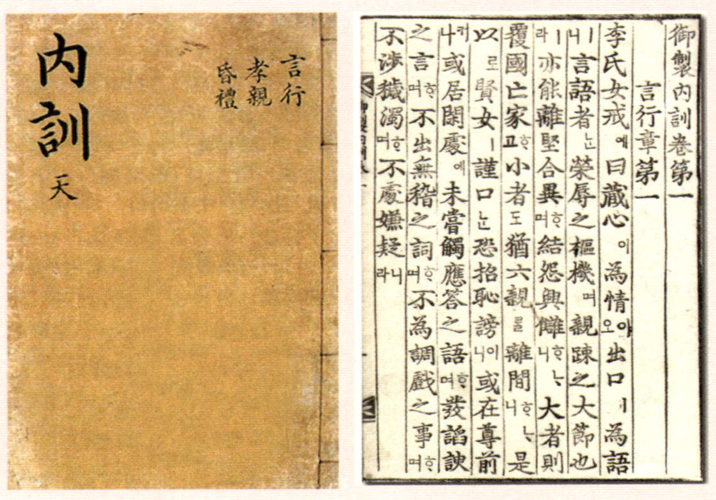

御製內訓卷第一

言行章第一

李氏女戒예曰藏心이爲情이오出口ㅣ爲語

ㅣ니言語者는榮辱之樞機며親疎之大節也

ㅣ라亦能離堅合異ᄒᆞ며結怨興讎ᄒᆞᄂᆞ니大者則

覆國亡家ᄒᆞ고小者도猶六親를離間ᄒᆞᄂᆞ니是

以로賢女ㅣ謹口는恐招恥謗이니或在尊前

커나或居閨閫에未嘗觸應答之語ᄒᆞ며發諂諛

之言ᄒᆞ며不出無稽之詞ᄒᆞ며不爲調戲之事ᄒᆞ며

不涉穢濁ᄒᆞ며不處嫌疑니라

《内训》封面（左）与其第七章内容中的言行章（右）

《内训》被普遍认为是一部强化男尊女卑思想的书籍，然而事实并非如此，甚至是恰恰相反。《内训》的序言中就写道“一国之治乱兴亡，虽取决于男子贤明与否，却也需妇人能辨别善恶，不可不教”。

序言中提到的妲己、褒姒、骊姬、飞燕，都是中国历史上曾得到皇帝宠爱，却最终失德而导致亡国的女人，并强调她们之所以会如此是因为没有学过圣人之道。

因此序言中又写道“人虽生性本善，但若不得圣人教诲，有朝一日富贵发达，便如沐猴而冠……现在从《小学》《烈女》《女教》《明鉴》四卷书中挑选重要教训，集成七个章节授予尔等……尔等需将此书铭记在心，每日研习以求达到圣人的境界”。

《内训》的序言中也有“周文王之教化，因太姒之贤明而更为广益”的语句，太姒即为周文王的夫人。

昭惠王后的《内训》从讲述洁身之道开始到最后提出达到圣人境界的要求，意在强调女性的作用比男性更加重要。

同时，当时的平民女性都不识字，士大夫家庭中的女性也只是将学习韩文作为写信和传达信息的工具罢了，并没有机会像男子一样系统地学习各种经书典籍。而士大夫们对女性学习文字、研读经典、书写诗作的看法，直到朝鲜后期依然持否定态度。

我们现代人提起实学者，大都认为他们是有着灵活且实用的思维方式的进步学者。但在女性问题方面，实学者们却异常保守。英祖、正祖时代的著名实学者李德懋（1741—1793）曾经这样说过：

> 妇人通过略读《经书》《史书》《论语》《诗经》《小学》《女四书》等书籍，只需了解各大家族姓氏、先祖族谱、历朝历代名称以及圣贤名号便可，不可妄自填写诗词外传于世。[1]

实学大家李瀷（1681—1763）也持同样的态度：

> 读书与讲学该是男子所为，妇人只需奉养家人、操持

1 引自李德懋《士小节》。

祭祀以及招待客人便可。[1]

由此可见，士大夫们认为女性学习文字只是一种了解家庭礼节的手段。士大夫家族的女性用来学习的，大部分都是《内训》《三纲行实图》等强调女性妇德的书籍。其中所推崇的女性的模范形象是“盥浣尘秽，服饰鲜洁，沐浴以时，身不垢辱，是谓妇容”。

对女性的教育内容也以男外女内为标准，要求的女性形象是守礼和顺从，是未嫁从父、既嫁从夫、夫死从子的三从之道。但是与师任堂生活在同一时代的宋德峰（1513—1578），从她写给丈夫——湖南五贤之一的柳希春——的书信中可以看出，她对丈夫还是会直抒己见的。

1571年被任命为全罗观察使的柳希春，在任职期间对本族祖先们的墓地进行了修葺并立了石碑，但对妻子的娘家却没有提供任何帮助。当宋德峰对丈夫提及此事时，柳希春回答说食取国家俸禄之人不可以权谋私，如有需要大可自费处理。对此感到气愤的宋德峰写下了著名的《斲石文》交给了柳希春。

信中写道“区区四五斛米即可解决的问题，你却嫌麻烦，还发脾气，我心中简直忿恨欲死”。据说柳希春看到书信之后无言以对，不得不看妻子的脸色行事，为丈人立了石碑。由此可以看出，当时的女性也并不是无条件地只会俯首顺从。

1 引自李瀷《星湖僿说》。

但是，大部分士大夫家庭中的教育还是以男性为中心的，所以从小对学问感兴趣的女性成员会在本家兄弟学习的时候趁机学习文字和写作。上文中提到的宋德峰的娘家也是湖南地区的名门，她从小便开始学习各种典籍史书，能够与身为儒学大家的丈夫互通书信，是位知识女性。

同时，与申师任堂生活在同一时代的文人沈守庆（1516—1599）曾写下这样的话：

> 妇人能文者，在中国非奇异之事，而我国则罕见，可谓奇异矣。议者或以为妇人当酒食是议，而休其蚕织，唯是吟哦，非义行也。吾意则服其奇异焉。[1]

然而，从当时的各种文献中不难看出，士大夫家族中能读书识字并写作诗文的女性并非少数。例如，世宗时期任平安道节制使的李恪为抵御蛮夷出征边塞，他的夫人就写下了这样一首诗：

送夫出塞

何处沙场驻翠旗，
戍歌羌笛梦中悲。

1 引自沈守庆《遣闲杂录》。

陌头杨柳吾何悔，

只待归鞍系月支。

崔致云（1390—1440）的二女儿也曾作诗如下：

悼亡夫词

凤凰于飞，和凤乐只。

凤非不下，凰独哭只。

摇首问天，天默默只。

天长海阔，恨无极只。

崔致云是师任堂的外曾祖父，而上文的作者崔氏夫人便是师任堂外祖母的姑母。由他们之间的亲属关系也可以看出，师任堂能够识字作诗也是受到了允许女性接受文字教育的家风的影响。

被誉为东洋三国最优秀女诗人的许兰雪轩（1563—1589）也是出身名门，她从小与本家兄弟一同研究学问，以《洪吉童传》而闻名的许筠便是她的弟弟。

朝鲜初期几位女性文人的造诣仅止于简单的诗文，而到了英祖、正祖时期以后，意幽堂南氏（英祖时期）、姜静一堂（1772—1832）等出版了文集的女性有二十余人。

其中任允挚堂（1721—1793）作为朝鲜后期的性理学者，在当时的学界也是全朝鲜数一数二的女性。

她的号“允挚堂”是她二哥——名列朝鲜六大性理学者之一的任圣周（1711—1788）——所取。他希望比兄弟们更热爱研究学问的妹妹可以像周文王的母亲太任一样成为圣人。

允挚意为“尊敬太任与太姒”，是源于《朱子》中的“允莘挚”之语，莘是文王夫人太姒的家乡，挚是文王母亲太任的家乡。

任圣周非常欣赏妹妹的才华，教她研读《孝经》《列女传》《小学》《四书》等书籍，而任允挚堂白天保持正常的生活起居，晚上则开始研读各种书籍并写作文章。

她的弟弟任靖周也曾提到过姐姐任允挚堂在学问上的卓越才能，并将她与兄弟们一起讨论经书、历史、人物以及政治等话题的内容一一记录下来。但是在朝鲜时代，女性的才能没办法得到施展，也无法发挥其作用，只能在尊老敬贤和举止贤淑上实践儒教的伦理法则。

将师任堂和允挚堂的人生作比较，我们可以发现她们之间是有共同之处的。从她们的堂号中就可以看出，她们都希望能够领悟圣人之道。但是在朝鲜时代，身为女性想要涉足男性专属的学问领域，想追求君子之道，那是难之又难。所以师任堂专注于绘画和教育子女，而允挚堂选择研究性理学，在实践道德的同时撰写文章，她们对后世女性文人都产生了深远的影响。

有人说，解读师任堂的号便可以看出，师任堂从小就立志成为贤妻良母的典范。但在朝鲜时期的文献中并没有“贤妻良母”这一词汇，它是日本帝国主义侵占朝鲜时才被引进的概念。这样一个自小聪慧过人、熟读经典，深谙中国古代政治和历史知识的少女，真的会只满足于遵守妇德吗？同理，如果你现在问一个成绩优秀、聪明伶俐的小学五年级女生将来的梦想是什么，她会回答“我想成为医生的妻子”或者“我想成为律师的妻子”吗？

师任堂为自己取号这一行为本身，便是她为自己的人生设定目标的体现。

在朝鲜时代，一个女性识字、写诗、作文章的行为本身就已经说明她作为一个独立的人，在追求由自己主宰的人生。她通过研读“四书三经”和《资治通鉴》等史书，培养了自己对社会和时代的洞察力。

在师任堂生活的时代，士大夫们选择了将性理学作为国家的统治思想，并以此教化百姓。不过，从高丽时期沿袭下来的传统与风俗习惯不可能在一朝一夕间被轻易改变。女性虽然接受了妇德教育，但是男女在社会中依然保持着相对平等的关系。这与“从妻而居”的风俗和财产权、继承权不分男女平均分配的社会现实有着直接的关系。

婚姻风俗——传承从妻而居的婚姻习俗

16世纪的婚姻制度仍是“男归女家制”

师任堂生活的16世纪，朝鲜的传统婚姻制度仍旧是“男归女家制”。所谓“男归女家制”，是指举办婚礼的第一天晚上，新郎要在新娘家过夜，直到第三天，夫妻双方进行完相见礼，才能在娘家正式开始婚姻生活，换句话说，也就是从妻而居。

据推断，从妻而居是从高句丽时代开始的。当时，这种制度被称为“婿屋制”。所谓“婿屋制”，就是当双方家庭商议敲定婚事之后，会在新娘家后院盖一座别院，名为“婿屋”，这间婿屋会被用作新房，等到夫妻所生子女长大成人，丈夫就会带着妻子、孩子回到自己家。这种风俗一直延续到了高丽时代。在高丽时代，从妻而居被称为“男归女家婚”，是指在一段时间内，新郎住在新娘家的制度。“丈家”一词指的便是丈人丈母的家，韩文中所谓的“去丈家”便由此而来。

师任堂家族的情况也是如此。外祖父李思温在江陵乌竹轩从妻而居，父亲申命和也同样在乌竹轩从妻而居，后又把乌竹轩留给了四女婿权和。所以，师任堂长期居住在娘家，在当时来说，是非常普遍的风俗习惯。

同时，从朝鲜时代初期开始，遵循性理学的理论并致力于齐家治国的士大夫们，从中国引进了以家父长制为中心的亲迎制。不过，这一制度正式在朝鲜实行，还是在丙子胡乱之后的17世纪中叶。亲迎制是指新婚当天，在新郎家举行相见礼，此后在婆家度过婚后生活的制度，这也是一直沿袭到今日的“从夫而居”。

朝鲜时代初期，积极引进亲迎制的郑道传，为了将朝鲜打造成一个儒学国家，自然而然地将高丽时期的风俗作为了他的改革对象。他对“从妻而居”是这样批判的：

男子随妻而住，妻子虽无知，但也会恃父母之宠爱而

檀园金弘道所绘制的平生图中的《婚礼》，反映了当时朝鲜时代末期的婚礼风俗。

轻蔑丈夫，这种情况屡见不鲜。骄横嫉妒之心日渐增加，最终只会导致与丈夫反目。[1]

“从夫而居”本是中国的传统。中国是以父系家族为中心，财产只能由儿子们继承，女子一旦结婚，就必须严格遵守“从夫而居”的制度。相反，朝鲜对男女的重视程度相当，财产会平均分给儿子和女儿，长期以来都是遵从着“从妻而居”的风俗。但随着亲

1 引自郑道传《三峰集》。

迎制的引入，女性渐渐失去了财产权和继承权，社会地位也日益下降。

女子在结婚之后，仍能留在娘家度过婚后生活，这为夫妻双方能拥有一个持续的相对平等的夫妻关系，创造了必要的条件，也使得妻子不会被家庭琐事缠身。然而从妻而居的丈夫很难行使自己的发言权，这也是不可否认的事实。

与师任堂生活在同一时代的眉岩柳希春（1513—1577），虽然故乡在全罗南道海南郡，但在婚后，却一直生活在位于潭阳的妻家。

朝鲜女性再嫁的权利被剥夺了400余年

我小的时候，经常能听到人们说“生是婆家人，死是婆家鬼”，难道朝鲜时代的女性就不可以离婚了吗？

其实并非如此。至少在朝鲜时代初期，女性不仅能再婚，而且女性三婚四婚的事情也时有发生，《太宗实录》里也对此有所记载。不仅如此，太宗作为当时的君王，从人道主义的观点出发，也对女子再婚持肯定的态度。由此可以推断，当时朝鲜的再婚意识还是比较开放的。

> 太宗十五年十一月一日，司宪府劾领敦宁府事李枝，以娶故中枢院副使赵禾妻金氏也。上闻之，传旨宪府曰：

“无妻之男，无夫之女，自相婚嫁，何必问也？”[1]

在《世宗实录》中，甚至还记载着柳克敬的妻子因作出淫荡之事，导致两人离婚，后又改嫁与其他男子的事情。可见，当时社会对女性再婚的态度甚是宽容。

司宪监察皇甫元之女，侍别侍卫柳克敬，恣行淫欲，克敬黜之，又再嫁他人。游侠之徒，暗相私通，元不能正家，竝列风宪，为时所识。[2]

同时，还有一则文书，也反映出在当时社会，离婚与再婚都是相当自由的。2012年，在海州郑氏大宗家的古文献中，发现了记载着朝鲜时代初期郑氏女子离婚内容的《永膺大君弃别夫人郑氏分给文记》（1494年）。

在这篇文章中，世宗第八子永膺大君（1434—1467）的第二任夫人郑氏，称自己为“离婚的女人（弃别夫人）”，并在最后盖了章。离婚时，夫妻双方通过协商，制定契约书，这种离婚协议在当时被称为“弃别明文”。在朝鲜时代初期，称离婚为弃别，但离婚的女人称自己为“弃别夫人”的文书，这还是第一次被发现。由此

1 引自《太宗实录》，太宗十五年十一月一日。

2 引自《世宗实录》，世宗二十二年七月三日。

也可以看出，离婚女人的祭祀最终是由娘家来负责操办的。

不仅如此，还有国家出面判处夫妻离婚的事例，离婚理由是殴打丈人与妻子。

> 义禁府启："韩懽殴妻赵氏罪，律该杖八十，捶杀婢吉云罪，律该杖六十，徒一年，从重决杖六十，徒一年。"命议领敦宁以上及政府。
>
> 尹弼商等启曰："《至正条格》云：'婿辱妻父，则其妻离异。'今懽既殴妻父，则是懽不以智山为妻父，智山亦不肯以懽为婿，而懽之夫妻，又不以夫妻相待也。如此则势难同居，不得不离异。"传曰："韩懽外方付处，其妻离异。"[1]

文中提到，丈夫因殴打妻子和丈人之罪，由国家出面，判处夫妻二人"强制"离婚，并将丈夫发配边境。与我们现代人所想的不同，朝鲜的离婚规定是基于人伦纲常制定的。相反，在当今社会中，还没有听说哪位身居高位的公务员，因殴打妻子和丈人就被判处离婚，并解除职务的。当然了，我们确实也不可能对公务员们的私生活了如指掌。

在当时，女性能够顺利离婚，很大一部分原因要归结于经济实

1 引自《成宗实录》，成宗二十一年十一月四日。

力。在离婚后，必须要有用以维持生计的财产。这一点，无论古今东西，从不曾改变。

前文提到过，17世纪中叶之前，无论儿子、女儿，都能够均等继承父母的遗产。女子即便已嫁入婆家，对于自己从娘家继承的财产也仍拥有处置权。当时，主要的财产包括奴隶和田沓。这种继承权，大大支持着女性的社会地位，这也是女性能够自由离婚的主要原因。

朝鲜时代初期，实行的是夫妻别产制。刑曹判书郑忠敬的夫人骊兴闵氏，在丈夫去世后，让小女儿郑氏继承了奴隶，并撰写了文书《春城府夫人别给文记》。通过在女儿嫁与永膺大君后闵氏所写的这份文书，我们可以看出，丈夫郑忠敬所持的财产被称为“家翁边”，夫人闵氏所持的财产被称为“矣边”，而闵氏从娘家所得的财产，全部由她自己单独经营管理着。因此，就像在前文中也提到过的，郑氏夫人在签署离婚协议，成为“弃别夫人”之后，依旧能够拿回自己从娘家继承的全部财产。

朝鲜时代，女性正式被禁止再婚，是从成宗在《经国大典》中明文规定《寡妇再嫁禁止法》开始。1477年（成宗八年）7月开始执行的《寡妇再嫁禁止法》中规定，女子一旦出嫁，就不允许改嫁，如士大夫女眷有改嫁行为，那么其子孙将不得在朝为官，成宗希望借此能够整肃社会风俗。

再嫁失行妇女之子及孙，庶孽子孙，勿许赴文科生员进士试。[1]

这也间接地禁止了寡妇的再嫁。仅仅是因为再婚，母亲就会成为孩子们前途路上的绊脚石，对女子来说，还有比这更严酷的刑罚吗？如此一来，哪里还会有两班（古代高丽和朝鲜的贵族阶级）女子再婚的呢？

不过，当时在制定此法时，46名朝臣中竟有42名反对再婚禁止法，仅有4名投了赞成票。由此可见，在朝鲜时代初期，人们对于寡妇再婚所持的态度还是相当宽大的。

即便如此，禁止士大夫阶层女子再婚，还是有其历史背景的。如果两班出身的女性再婚之后，其子仍能参加科举的话，官职数量一定的情况下，参加科举的人数只会变得越来越多，最终就会导致竞争率不断提升。换个角度看，这无非是那些男性利益阶层的“甲方”行径，也是对女性人权的一种践踏。

《寡妇再嫁禁止法》与妻妾制度，是朝鲜最具代表性的恶法。因此，在1894年爆发的东学农民战争中，东学军提出的12项弊政改革中，就包括了“允许寡妇再嫁”。1895年，在甲午改革案中，最终采纳了允许寡妇再嫁的内容。寡妇“与自己人生中的第二个男人相识相知相恋”的合法权利，就这样被剥夺了整整400余年。

不过，当时名门大家的族谱中，仍记载着再婚甚至三婚的女儿

1 引自《经国大典》卷3・礼典诸科条。

及其夫婿的名字。由此可见，虽然有国家的法律规定，但从高丽时代沿袭下来的习俗，依旧深深地扎根于人们的日常生活中。

在经历了壬辰倭乱（1592年）及丙子胡乱（1636年）之后，朝鲜社会的身份制度有了明显的动摇，以乡村士大夫为中心的性理学统治体制开始逐渐崭露头角。直到17世纪中叶，两班女性再嫁已然成为了家门的耻辱、子孙们仕途的绊脚石，女性们也开始被强制要求守节至死。

研究朝鲜现存最早的一本族谱——安东权氏的《成化谱》，就能发现，高丽时代男女平等的社会地位，一直存续到朝鲜时代初期。登记在谱的9000人，不分男女，一律按出生顺序被记录在册，同时还记录着女婿的名字。而且，其中还出现过“女儿的后夫”一词。

“女夫李寿得”与“后夫廉悌臣”，均是安东权氏权汉功的女婿。权汉功的大女儿的第一任丈夫是李寿得，再婚的丈夫则是廉悌臣，夫人离婚前的前任丈夫记为前夫，后任丈夫记为后夫。种种迹象表明，朝鲜时代初期对女子再婚并没有过多地制约。

《寡妇再嫁禁止法》，向人们灌输着一种寡妇在丈夫去世之后就应该恪守的贞洁意识形态。国家称守节的寡妇为烈女，如家门中有如此烈女，就能免除相应的税金、军役、徭役，甚至会给予褒奖，并提供提升身份的机会。

不过，在经历了壬辰倭乱和丙子胡乱，进入朝鲜时代后期之后，寡妇不仅要守节，甚至还要自行了断生命，才会被认作是烈女。为了家门的名誉和利益，谋杀女儿使其成为烈女的情况也屡屡发生，无数女性都成为了如此荒诞无稽的烈女制度的牺牲品。女子们的贴身小饰品银妆刀，本来是用来护身的，结果却变成了自尽的工具。

正因为如此，朝鲜时代后期的实学家朴趾源（1737—1805），通过《烈女咸阳朴氏传》，痛批了《寡妇再嫁禁止法》。

其内容讲述的是：寡妇的儿子最终位居高官，可有人意图阻碍她儿子的仕途，放出风声说其祖上有过再嫁的寡妇。母亲听闻此事，将守节20年来，夜夜摩挲，以至于字迹早已模糊不清的常平通宝拿给了儿子。儿子听闻此事后，抱着母亲，留下了悲痛的泪水。

但是，不管制度如何强压，人性的本能是无论如何都无法抑制的。即使国家强制百姓阅读《列女传》，但现实情况还是有所不同的，不然怎么会有“一边读《列女传》，一边找男人”这样的俗语产生呢？

财产继承——不分男女，享有均等的财产继承权

16世纪，士大夫家的女性们，多数会在婚后继续生活在娘家，所以生活相对自由，自然而然地也会掌管起娘家的大事小事。一个家族聚集在一起生活，最重要的就是开销问题。如何合理分割父母的财产，也是一件非常重要的事情。

师任堂生活的时代，女性们究竟有没有财产权？

女性拥有冠有自己名义的财产，这与当时的女性在社会中的地位有直接的关系。这一点在当今社会也是一样的。在一个家庭里，

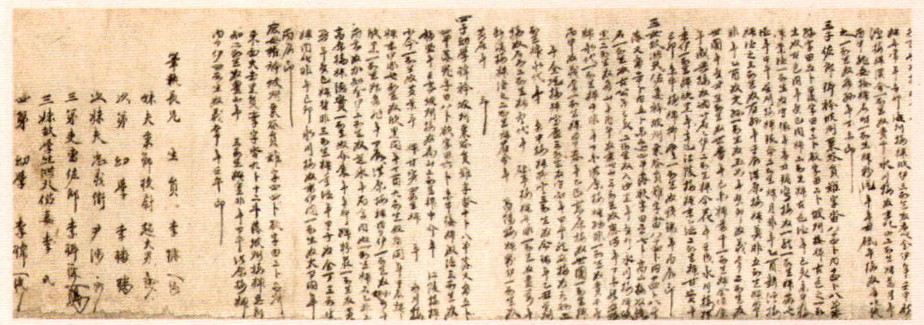

《栗谷先生兄妹分财记》。讲述的是李珥的兄弟姐妹分割财产的事，他们是根据《经国大典》中的规定分配的财产。首先分配了用于各种祭祀和造墓的土地和奴隶，后将余下的土地和奴隶分配给了7个子女及庶母权氏，最后记录了参与编写此文书的人员名单及他们的签字。

财政大权掌握在谁的手里，或者谁名下的财产更多，大家就会看谁的脸色行事。这种情况屡见不鲜。女性会因娘家的富有程度，在婆家受到不同的待遇，如果儿媳比儿子更有经济实力，那么婆家亲戚们的态度也会大不相同。这种情况，在现如今也十分常见。

如果仔细研究朝鲜王朝的统治大纲《经国大典》中有关财产分配的条目，我们就不难发现，嫡子与庶子有着明显的差别，但对于儿子、女儿的财产分配，却没有太大的差别。

朝鲜的基本继承制度，是子女均分继承制度。长子、次子，儿子、女儿，这些均没有区别，一切财产全部平均分给每个孩子。女性即便是结了婚，也同样能够继承娘家的财产。

世宗在继位之年曾颁布诏令，“如若有人在父母去世之后，因妄图独占奴隶和财产，以已经成婚为由，拒绝分割遗产给同出一母的姐妹，必须严惩不贷”。由此也能看出，当时的国家，也在大力维护着女子的继承权。因此，在朝鲜时代初期的实录中，会记载有

“某人之妻某氏的奴隶”等内容也就不足为奇了。

同时，负责操办祭祀的子女，会再额外获得五分之一的继承权。另外，如果是妾室所生之子，如果妾的身份是良民，则能够继承嫡子的七分之一；如果是贱民，则能够继承十分之一。

如果细读《栗谷先生兄妹分财记》的话，也能看出，当时实行的正是子女均分继承制度。

> 嘉靖四十五年丙寅五月二十日，众兄弟姐妹同聚一堂商议分配父母遗产一事。分配父母双方所有的土地及奴隶，若有人找回了丢失的奴婢将首先分得一口，剩余财产将按照《经国大典》中规定的长幼顺序进行分配，并同时商议祭祀相关事宜，特以此为据。[1]

根据上述内容可以看出，栗谷与其兄弟姐妹将母亲师任堂及父亲李元秀的财产全部整理出来，进行了平均分配。如果细细研究他们各自分得的财产，就会发现，虽然子女之间分得的土地有所区别，分别为2000—4000平方米，但奴隶的数量均是15—16口。土地分配不均，与土地的肥沃程度及家境富裕程度有关，但是看不出儿子、女儿之间有何明显的差别。16世纪，像这样的子女均分继承，并不是只有在栗谷先生家如此。16世纪大部分的《分财记》，都像

1 引自《栗谷先生兄妹分财记》序言。

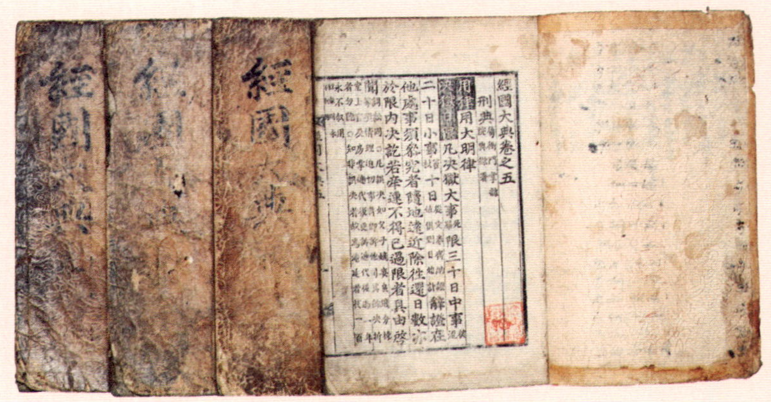

朝鲜王朝的基本法典《经国大典》。此法典收录了从高丽末期开始，一直到朝鲜成宗年间，近百余年里，所颁布的所有法令、教旨、条例及惯例。1485年（成宗十六年）正式刊行。之后也进行过多次修订，但其基本架构一直沿用到了朝鲜末期。

上文提到的一样，体现出了明确的均分继承。

《分财记》作为财产所有权的证明资料，在当时也是享有法律效力的重要记录。朝鲜时代初期，随着《经国大典》体制的完善，如想行使诸如财产权一类的法律权益，就必须提供指定样式的公文及私文，《分财记》在当时拥有的效力，就如同现在的房契或地契。

细读《分财记》就会发现，每一项财产都明确记录着是归属于父亲名下，还是母亲名下。从中我们可以看出非常重要的一个事实，那就是，在当时丈夫与妻子是分别拥有并管理着自己名下的财产的。换句话说，这就是夫妇别产制。

在朝鲜时代，规定了遗产的法定继承比例，并有统一的文书样式，《分财记》不仅需由家族成员互相商讨制定，最终还需到官府

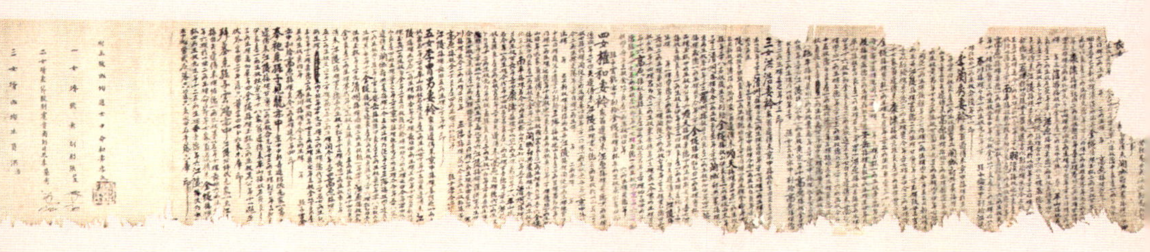

师任堂的母亲李氏夫人将名下财产分给5个女儿的《分财记》。因为见龙（栗谷儿时的小名）日后需负责操办祭祀，所以将首尔寿进坊（今天的清进洞）的房屋、田沓分给他；云鸿日后需负责照看墓所，将江陵北平村的房屋、田沓分给他。

进行公证，文书上还需签有证人的名字。另外，继承田宅及奴隶的人，也必须申报官府进行公证。

当时，女性在结婚时会单独得到奴隶等财产，而从娘家继承的财产，在其结婚之后，也依旧会被视作是其名下的财产。如果女性在离世时没有留下子女，那么她名下的财产则会归还娘家，而不是归于婆家。因此，丈夫往往无法随意处置过世妻子的财产。要求归还女儿财产的娘家，和不会轻易放手的女婿之间争夺财产的事时有发生。

在当时，女婿也享有和儿子同等的继承权。继承遗产时，男女平等，即对儿子、女儿没有差别待遇，实行一视同仁的继承制度。根据《分财记》等古文中的记载，会发现，负责娘家祭祀的女婿，也会分得相应的财产。

研究现存的《分财记》不难发现，金宗直、李彦迪、李滉、李栗谷等众多的儒学家，都继承了外婆家或妻子家的财产，经济上有了坚实的基础，所以他们能够更加专心地研究学问。

以退溪李滉为例，因经历了两次婚姻，所以他从妻家继承了不少的财产。他能够专心研究学问，并成为名垂千古的名门大家，与母亲与妻子们、儿媳们的财产有很大关系。如果看过退溪家门的《分财记》，就会发现，退溪共拥有355名奴隶，他的财富由此可见一斑。细细纠察，不难发现，朝鲜那些最具代表性的儒学家们，能够毫无经济负担地专注于学问，即便辞官隐退也不用担心生计问题，这一切都归功于外婆家或妻家。这种现象在当今社会中也依然存在。

同时，当时的女性，不仅可以持有自己名下的财产，在丈夫去世之后，她们作为夫人，也有权处置丈夫名下的财产。因为，继承户主财产的人并不是儿子，而是夫人。

有一项资料可以充分证明这一点：郸城县户籍，是郸城（今天的庆尚南道山清郡）地区从1678年开始到1789年的户籍台账，也是

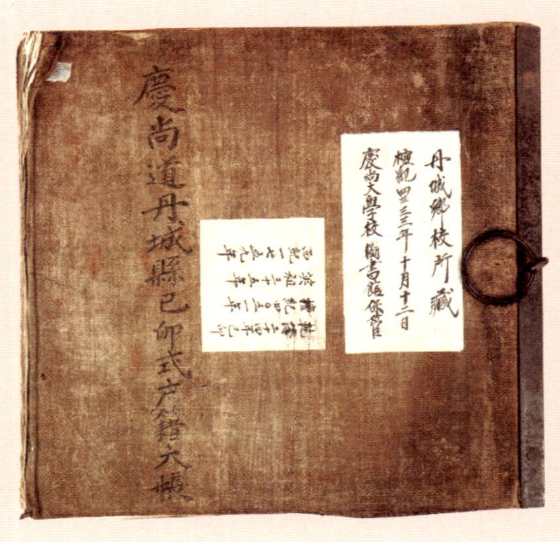

朝鲜时代初期，能够佐证女性继承户主财产的珍贵文献资料——郸城县户籍台账。记载表明，女性在全体户主中所占比例为11.1%，在丈夫死后，并非由儿子继承户主的财产，而是由夫人继承户主财产的事例，占全部户主继承事例的93%。

历史最为久远的户籍。其中记载着，全体户主中的11.1%是女性户主，在丈夫死后，并非由儿子继承户主的财产，而是由夫人继承户主财产的事例，占全部户主继承事例的93%。

操办祭祀——不分男女、亲孙外孙都可操办祭祀

在16世纪，与子女均分继承相同，祭祀也是不分男女的，一般来说都以轮回奉祀或分割奉祀来进行家中祭祀。轮回奉祀是指由子女们制定顺序，依次来操办父母的祭祀；而分割奉祀则指的是子女们分别进行祭祀。直到朝鲜时代后期，每个地区都形成了各自的家族，家族则以宗孙为中心，并且渐渐组织化，后来演变为由宗孙全权主管家中祭祀这样的形态。

朝鲜时代，家中的祭祀多种多样，因此，所需费用也并非小数目。所以，在继承遗产时，也会考虑到日后祭祀的问题。《栗谷先生兄妹分财记》的序言中就曾提到，不单是亲孙子女，就连外孙子女也需共同负责祭祀事宜。文中所记的“轮行”，就是指轮回祭祀。

> 所有祭祀，无需轮流，皆由宗家子孙家中承办。其余各家子孙，每年出米助祭，亲子女出十斗，亲孙子女出五斗，亲曾孙子女及外孙子女各出二斗即可。[1]

1 引自《栗谷先生兄妹分财记》序言。

因女儿和女婿参与操办了父母的祭祀，所以在他们去世之后，他们的子女，即外孙子女也就自然而然地接过了外祖父母的祭祀事宜，称之为外孙奉祀。前文提到，师任堂的母亲李氏夫人的《分财记》中，记载着给外孙李栗谷分配财产的事宜，而栗谷既然继承了外祖母的财产，将来就必须负责外祖母的祭祀。柳希春也在《眉岩日记》中写到，夫人宋德峰虽是三男二女中的小女儿，但也亲自操办着娘家父母的祭祀。

在儒教宗法制度中规定的亲孙奉祀尚未确立之前，外孙奉祀一直被人们广泛采用。当直系凋零后继无人，已无亲孙能操办祭祀的情况下，人们便会选择将财产留给女儿女婿，或外孙子女，令其操办日后的祭祀。不过，现存最早的一本族谱《成化谱》中，却并没有关于养子的记载。《世宗实录》也记载说，并没有人会借用别人的儿子，即养子，来为自己操办祭祀。

> 今世俗虽无子奉祀，若有女孙，则无一人借他人之子为后，情理固然也。[1]

外孙奉祀这一习俗是从安东地区流传下来的，这一点在其他多处文献中也都有所记载。

居住在娘家故乡并继承遗产的外孙们，日后慢慢组成了集姓

1 引自《世宗实录》，世宗二十四年八月十四日。

村。安东的义城金氏集姓村，或庆尚北道醴泉郡的安东权氏，都属于这种情况。

乌竹轩是师任堂的外曾祖父母所建造的，后由外祖父继承，而外祖父李思温又将其留给了师任堂的父亲申命和，而膝下无子的申命和则把乌竹轩留给了四女婿权和，最后由权和的儿子权处均继承。

当今社会实行的以长子为中心的户主制度，是在17世纪中叶才确立的，而从高丽沿袭下来的外孙奉祀习俗则是历经了数百年的传统风俗。

2008年，户主制被正式废除。而在当时，儒林们誓死反对，称“废除户主制，抹杀户籍簿，就是斩断家族传承，是破坏历史”。但纵观历史，户主制仅仅是一种国家为了扩大徭役，区分身份阶级的统治制度罢了。而且，被废除的户主制还完整地继承了日本帝国主义殖民统治时期遗留下来的户籍制度。而日本帝国主义殖民统治时期的户籍制度，仅仅是为了能够更有效地管理支配殖民地。

用一句话总结就是，儒林们主张以男性为中心的家父长制及压迫女性权利的户主制为朝鲜的传统制度，只不过是对17世纪的朝鲜社会认识不足所作出的无知之举，甚至是将日本帝国主义抛向我们的圈套当成是金条，是不分是非的愚昧之举。

反观现代社会，甚至出现了“新母系社会”一词。婚后住在娘家，或在娘家附近生活的家庭越来越多，外祖父母家比亲祖父母家更加亲近，姨妈比姑妈更加亲近。也就是说，父系意识逐渐减弱是理所当然的事情。所谓的一家之主的权威在逐渐消失，两性平等意识逐渐加强，随之而来的，必然是不平等的家父长制家族关

箕山风俗画《丧礼》。朝鲜时代的祭祀多种多样，费用当然也不是个小数目。所以，会对操办祭祀的子孙有所补偿，使其继承更多的财产。而且，无论是亲孙还是外孙，都会共同负责操办祭祀。

系的消亡。

16世纪朝鲜时代的社会风貌，从反面告诫着我们，一直以来我们对朝鲜的历史是如此缺乏正确的认识。申师任堂生活的时期，就是这样一个时期。让我们以目前为止所了解的朝鲜时代初期一般女性的生活状况为基础，继续去探究这一位女性的人生吧！

后记

抛开母亲这个角色，重新认识师任堂

这还是念高中时候的事情。班主任让大家写一下自己的理想，有30%的人写的是想做一个贤妻良母。看到我的同桌也这样写，我笑她说做一个贤妾良母岂不是更好，结果搞得同学们哄堂大笑起来。

在20世纪70年代，女子学校都要在生活馆对学生进行四天三夜的义务教育。这种所谓的女性教育，其中心内容就是礼节教育。那个时候，我们民族的女性代表就是申师任堂。当时我对师任堂的认识，只是局限在她是李栗谷先生的母亲，擅长画葡萄，是个孝女——仅此而已。

到了20世纪80年代，读大学的时候，我会经常跟男同学在思想上发生冲突。

如果与男同学谈论某个历史人物时发生了争执，只要男生理屈词穷时，他们就会说："一介女流居然敢这么放肆？""男人是天，女人是地。""女人嘛，只要嫁得好就能享福了，何苦这么拼命学习呢？"每每遇到这种情况，我都会反驳道："难道因为是女生，就可以只交一半学费了吗？”“同样是学习，为什么要分男女？”后来，我就跟男同学们像战友一样相处了。

20世纪90年代，我在某电视台工作了几年，发现男人们的女性观大部分都是古板落伍的，甚至还有一些男员工，难以接受女员工工资比自己高的事实。尤其是那些外省出身的男编导们的意识，简直腐朽到了已经发霉的地步。

他们常常攻击道“聪明的女人都命硬”，还叫嚷着“女子只有在家安心相夫教子，才能叫幸福”。

我大学毕业的那个年代，在社会中工作的女性还不是很多，当时女大学生所占的比例还不到10%。

我长期以来与男人们边竞争边合作，在这样的韩国社会中一路摸爬滚打着走了过来。在这片国土上，生为一个女人，就跟跛着一条腿讨生活没什么太大的区别。

我从小就为自己没有托生为男孩而感到遗憾。我常说如果自己是个男孩，那我就是家中的长子，就能够成为父母坚实的靠山，也能够成为妹妹们的好兄长。

而在踏入社会之后，女性的身份就更成为了一种负担。因此，我开始刻意地隐藏起自己女性的一面，以中性的形象面对世人，以此作为一种自我防御的方式。

几年前，在写作有关18世纪、19世纪女性的书籍时，我开始关注所谓的“女性意识”。我还了解到在朝鲜时代，曾出现过很多试图挣脱时代的枷锁、努力争取主宰自己人生的女性。在探究她们人生经历的过程中，我不仅得到了很多的鼓舞，而且意识到生为女子却压抑自己女性的一面，无异于对自己施加暴力。后来，这成为了我写关于女性的书籍的一大动机。

本书讲述了16世纪朝鲜知识女性师任堂的一生。师任堂于2009年当选为韩币5万元纸币上的头像人物，这引起了韩国女性的强烈反对。

她们主张“反对因贤妻良母意识而被推崇的申师任堂成为纸币上的头像人物”，“与其选用申师任堂这样被禁锢于家庭主义框架中的人物，不如选用具有21世纪时代特色的、既柔和又具有领导力的女性人物”。

但是，我们对师任堂一生的了解和认识，究竟又有多少是真实的呢?

我认为，韩国社会的排外意识相当强烈，并且大家都非常爱慕虚荣，易生偏见。究其原因，与日本帝国主义长达35年的占领和长达18年的独裁统治有着密切的关系。

客观地展示历史中的人物，本就不是一件容易的事情。而女性历史人物的相关资料尤其缺乏，研究她们，就如同寻找遗落在各处的珠子，并把它们重新串联起来。好在师任堂是大学者李栗谷先生的母亲，不仅李栗谷先生留下来一些关于母亲的文字，其他文人也在自己的文字记录中有所提及。

本书的主要观点如下：首先，在朝鲜时代，没有“贤妻良母”这个概念，只有“烈妇孝妇”这个概念。“贤妻良母”这个概念是日本帝国主义殖民统治时期被强制引进的，最后成为了压迫女性的一种理念。而且，在师任堂生活的16世纪，男子成亲后从妻而居是很普遍的现象，甚至女子还可以再婚甚至三婚。已婚的女儿也能够继承娘家的财产，祭祀也由子女们轮流来主持，连外孙也能够继承外祖父母的遗产。

大部分人听到这里，都表示非常惊讶。以研究朝鲜时代家族社会史而闻名的高丽大学名誉教授崔再锡的论文为首的学术界论文中，对此提供了很多实质性的史料。其实我们印象中的朝鲜时代大多是18世纪、19世纪的朝鲜。

在16世纪时，师任堂以“画家申氏”之名为世人所知。到了17世纪，老论派巨头宋时烈为了强化西人的正统性，开始推崇自己的老师栗谷先生，师任堂也随之成为了“圣贤的母亲”。到了日本帝国主义殖民统治时期，出于植入殖民意识理念的需求，她又变身成为了“军国的母亲”。换句话说，师任堂在死后的460年间，不断地作为某种理念的牺牲品，留在人们的意识中。

日本帝国主义殖民统治时期的1910年，据朝鲜研究会发行的《朝鲜贵族列传》记载，日本帝国主义对76名朝鲜人授予了类似于日本贵族的爵位以及赏赐金，其理由是他们为日本与朝鲜的合并作出了巨大的贡献。据汉江历史文化研究所的研究，接受爵位的76人中有64人是老论派。

师任堂曾被老论派推崇，后被日本帝国主义包装为“军国的母亲”，到了20世纪70年代，又被独裁政权塑造成了“贤妻良母”的代表人物。

20世纪70年代，朴正熙政权为了使独裁合理化，将李舜臣和师任堂塑造成了民族的代表人物。把李舜臣塑造成救国英雄，用师任堂来影射总统夫人陆英修，把她当成独裁政府的挡箭牌，并把她塑造成了“贤妻良母”的代表人物。

“师任堂”是以中国周朝周文王的母亲太任为师的意思。然而太任却并不是贤妻良母，而是以女子之身成为了君子中的楷模。“师任堂”这个名号是她本人在小时候亲自起的，在征得了她父亲的同意后开始使用的。

在整理有关师任堂这一生的资料的过程中，我深深被她打动。师任堂婚后育有7个子女，她担负着全家的生计，因丈夫的不忠而痛苦一生，但她仍然坚守自我，并在艺术上实现了自我的升华。她的这份意志与热情，让我十分敬仰。

师任堂作为一名女性，作为一个人，为了自我的完善，一生活得轰轰烈烈。同时她又是位出色的教育家，也是一个富有创意与个性的艺术家，在这一点上可以说她充分具备了21世纪领军人物的风采。在过了知天命的年纪之后，还能够认识16世纪出色的知性人物“师任堂”，我感到无比荣幸。

最后，我要说明，本书能够得以出版，得到了很多人的支持和鼓励。在此感谢人文书院的梁振浩代表、魏正勋主编、江永信设计师、负责设计封面的朴昌桓代表、制定企划案和写作方向的卢成斗先生和郑会善先生，还有各位社团法人、韩国希腊协会的各位会员，以及提供图片的乌竹轩市立博物馆和栗谷研究院。

我是在与父亲的对话中不断成长起来的。因为是长女，所以父亲格外疼爱我。刚入小学，父亲就开始让我学习千字文，到了六年级，报纸上出现的那些难懂的汉字我已经都能看懂了。不仅如此，父亲还告诉我很多生活的常识以及为人处世的基本道理。父亲是我人生中的第一位领路人，也是第一位老师。

谨以此书献给我已去世的父亲。

还有，感谢一生都在支持我的母亲。

莲雨林谐利于济州

参考文献

直接资料

《击蒙要诀》李民洙译，乙酉文化社，2005

《诫女书》宋时烈著，同和出版社，1976

《内训》昭惠王后著，李民洙译，一山书籍出版社，2001

《论语》金锡焕译注，书与香，2010

《大东野乘》民族文化促进会，1982

《三贤手简》韩国古典翻译院，2013

《小学》朱熹著，尹浩昌译，弘益出版社，2005

《新版经国大典》尹国日译，申曙园，2005

《译注胎教新记》朴灿国著，崔三燮译，成辅社，2002

《栗谷全书》成均馆大学大东文化研究员，1971

《任允挚堂》李永春著，慧眼，1998

《中庸》杜敏在译，创造知识的知识，2008

单行本

姜秉修，孙龙泰，《星湖僿说的世界》，青路，2015

关东大学岭东文学研究会，《申师仁堂家族的诗书画》，江陵市，2006

金载英，《反过来解读朝鲜人物》，三忍，1998

朴武英，金京米，赵慧兰，《不自由的时代中非凡的朝鲜女性们》，石枕，2004

孙仁秀，《师仁堂的生涯和教训》，博英社，1985

佚名,《栗谷思想的理解：以教育思想为中心》，教育科学社，1995

安辉俊，《韩国绘画史》，一志社，1980

吴世昌，《槿域书画徵下卷》，时空社，1998

李能华，《朝鲜女俗考》，金尚亿，东文选，1990

李文浩，《撼动朝鲜历史的女性们》，陶园传媒，2004

李恩尚，《师仁堂的生涯与艺术》，成文阁，1989

林英珠，《韩国的传统纹样》，大圆社，2004

崔善京，《走向湖东西洛》，玉堂，2013

论文

江民洙，《以传记的方式了解一个人情感的一生：以申师仁堂

为中心》，韩国人物史研究会，2013

金秀珍，《传统创意与女性国民化：以申师仁堂为中心》，社会与历史通卷80号，韩国社会史学会，2008

金益秀，《以东方人伦社会为指向的师仁堂的家庭教育观》，韩国思想与文化47辑，韩国思想文化研究院，2009

朴敏子，《以女性社会学角度审视申师仁堂》，德成女大论文集VOL34，2005

朴日华，《对申师仁堂绘画世界的研究：以草虫画为中心》，世宗大学大学院硕士学位论文，1992

朴志贤，《从画家到母亲：申师仁堂相关言论的历史》，东洋汉文学研究25辑，东洋汉文学会，2007

孙圭福，《关于朝鲜朝女性道德教育的研究》，启明大学大学院博士学位论文，1981

严昌燮，《对师仁堂的艺术的理解与展望：女性意识的成熟及其反证》，临瀛文化33辑，江陵文化院，2009

刘正恩，《对于师仁堂<草虫图>的美学意识研究》，汉文古典研究23辑，汉文古典学会，2011

尹素英，《近代国家形成期韩日的“贤妻良母论”》，韩国民族运动史研究44辑，2005

李美淑，《对申师仁堂作品的造型学方面的特征及艺术观的研究》，庆熙大学教育大学院硕士学位论文，2008

李恩善，《在男女平等的时代重新解读申师仁堂：申师仁堂的圣人之道》，东洋哲学研究43辑，2005

李恩惠，《朝鲜时代江陵地区的女性文学，以许兰雪轩与申师仁堂为中心》，国之语言18号，大邱大学师范学院国语教育系，2003

李叔仁，《申师仁堂相关言论的系谱学：近代以前》，震檀学报106号，震檀学会，2008

佚名，《那样的申师仁堂根本不存在：权力与性别的变奏》，哲学与现实通卷81号，哲学文化研究所，2009

李承贤，《KAPF解散后宋影的现实意识变化研究：以日本帝国主义殖民时期历史素材喜剧为中心》韩国剧艺术研究34辑，韩国剧艺术研究会，2011

李在南，《栗谷故事中审美意识的相关研究：以师仁堂、栗谷、玉山为中心》，成均馆大学大学院博士学位论文，2011

郑文乔，《申师仁堂究竟是谁》，栗谷思想研究1辑，栗谷学会，1994

赵圭熙，《被生成的名作：申师仁堂草虫图》，美术史与视觉文学12号，社会评论，2013

千和淑：《朝鲜时代女性的人生与申师仁堂：至壬辰倭乱为止》，历史与实学31辑，历史实学会，2006

韩姬淑，《朝鲜时代女性人物史研究的现状与课题》，韩国人物史研究1号，韩国人物史研究所，2004

参考网站

朝鲜王朝实录http://sillok.history.go.kr